나는 천국을 보았다
두 번째 이야기

나는 천국을 보았다 두 번째 이야기

1판 1쇄 발행 2016. 6. 15.
1판 8쇄 발행 2022. 12. 1.

지은이 이븐 알렉산더·프톨레미 톰킨스
옮긴이 이진

발행인 고세규
편집 박주란
디자인 길하나

발행처 김영사
등록 1979년 5월 17일(제406-2003-036호)
주소 경기도 파주시 문발로 197(문발동) 우편번호 10881
전화 마케팅부 031)955-3100, 편집부 031)955-3200 │ 팩스 031)955-3111

값은 뒤표지에 있습니다.
ISBN 978-89-349-7453-6 04040

홈페이지 www.gimmyoung.com   블로그 blog.naver.com/gybook
인스타그램 instagram.com/gimmyoung   이메일 bestbook@gimmyoung.com

좋은 독자가 좋은 책을 만듭니다.
김영사는 독자 여러분의 의견에 항상 귀 기울이고 있습니다.

THE MAP of HEAVEN

나는 천국을 보았다
두 번째 이야기

이븐 알렉산더 · 프톨레미 톰킨스 / 이진 옮김

김영사

사랑의 마음으로

존재의 진실을 갈망하는

모든 용기 있는 영혼들에게

죽음에 대한 두려움을 천국에 대한 그리움으로 바꾸는 한 권의 책이 여기 있다. 살아서는 경험할 수 없는 지상의 어둠 너머, 빛의 세계를 보고 온 한 의사의 고백록을 통해 우리는 적어도 몇 가지 진실을 새롭게 배울 수 있다. 유한한 인간을 압도하는 어떤 영적이고 초자연적인 실재가 영원으로 맞닿아 있다는 것, 선과 사랑이 넘치고 연민과 용서가 승리하는 치유의 기적이 일어나는 곳이 곧 천국이라는 것, 살아있는 한 우리 모두는 천국의 본질인 사랑으로 살고 또한 다른 이에게 전파할 의무가 있다는 것, 모든 순간에 감사하며 충실하게 사는 겸손한 인간으로 거듭나야 행복할 수 있다는 것! 이러한 진실을 호소력 있는 목소리로, 솔직하고 구체적인 예를 들어 소개한다.

임사체험을 하고 돌아온 특별한 기록! 이 책은 단순한 호기심보다는 자신의 삶을 돌아보는 거울에 비추어 읽기를 바란다. 지금과는 '좀 다르게 살고 싶다!'는 영적인 열망으로 가슴 뛰는 기쁨을 경험하게 될 것이다.

_이해인 수녀·시인

이 책은 육체의 죽음 뒤에도 의식은 살아있다는 사실이
당연하게 받아들여질 것이라는 명확한 증거이다.
_래리 도시 의학박사, 《원 마인드One Mind》의 저자

과학과 철학, 임사체험자들의 감동적인 이야기로
사후의 세상을 파헤치는 대담한 책.
_레이먼드 무디 《다시 산다는 것Life After Life》의 저자

과학과 종교의 장점을 모아 인류가 잃어버린 지식을
되찾는 길을 제시한다.
_에드워드 켈리 버지니아대학 정신의학과 교수

알렉산더 박사는 풍부한 과학 지식으로 영적인 세상을
생생하게 설명한다.
_앨런 해밀턴 의학박사, 《The Scalpel & The Soul and Zen Mind, Zen Horse》 저자

전 세계의 과학자, 영적 지도자, 천국을 경험한 사람들의 이야기에
근거를 제시한다!
_핌 반 롬멜 의학박사, 《Consciousness beyond Life》의 저자

THE MAP *of* HEAVEN

차례

천국이 준 위대한 선물

나는 대지와 별이 빛나는 하늘의 자식이지만, 본디 태생은 하늘이다.
— 이제 막 죽은 이들에게 사후 세계의 여행법을 알려주는 고대 그리스 문헌에서

《나는 천국을 보았다》에서 상세하게 묘사한, 그 자체로 하나의 기적이었던 여정을 마치고 돌아왔을 때 나는 여러모로 갓난아기 같았다. 내가 다녀온 곳에 대한 기억은 또렷했지만 지상에서의 삶에 대한 기억은 전혀 없었다. 내가 누구이고, 무엇이며, 어디에 있는지 다시 배워야 했다. 며칠에 걸쳐 그리고 몇 주에 걸쳐 마치 사뿐사뿐 내려앉는 눈송이처럼 지상에서의 예전 기억들이 하나 둘 돌아왔다. 말과 언어는 몇 시간에서 며칠에 걸쳐 돌아왔고, 가족과 친구들의 사랑과 따뜻한 격려로 다른 기억들도 돌아왔다. 그렇게 나는 인간 사회로 돌아왔다. 20여 년간 신경외과 의사로서 여러 의대 부속병원

The MAP
of
HEAVEN

에서 습득한 학문적 지식과 경험을 포함해 예전의 지식도 8주 만에 완전히 돌아왔다. 내 완벽한 회복은 지금도 현대 의학으로는 설명할 수 없는 기적으로 남아 있다.

그러나 나는 예전의 내가 아니었다. 육체에서 떠나 있는 시간 동안 느끼고 체험한 모든 것은 다른 꿈이나 환상처럼 결코 사라지지 않았고 계속 남아 있었다. 그 기억이 오래 머무를수록 육체를 떠나 있던 시간 동안 내가 겪은 일들이 인간 존재에 관해 내가 안다고 생각했던 지식을 완전히 새로 썼음이 분명해졌다. 나비 날개 위에서 본 여인의 이미지는 저 너머 세상에서 내가 경험한 다른 모든 특별한 일들과 마찬가지로 여전히 내게 남아 있었고, 잊히지 않았다.

혼수상태에서 깨어나 넉 달이 지났을 때 나는 사진 한 장을 받았다. 내 친여동생 벳시의 사진이었다. 나는 어려서 입양되었고, 벳시는 내가 친가족을 다시 만나기 전에 이미 세상을 떠났기에 나는 여동생의 얼굴을 알지 못했다. 그것은 벳시의 사진이 확실했고, 그와 동시에 다른 누군가의 사진이었다. 바로 나비 날개 위의 여인이었다!

그 사실을 깨닫는 순간, 내 마음속의 무언가가 분명해졌다. 의식을 되찾은 이후 내 정신과 영혼은 마치 나비 번데기처럼 불확실한 상태였다. 나는 예전으로 돌아갈 수 없었고, 앞으로 나아갈 수도 없는 옴짝달싹 못 하는 상황이었다.

충격적인 깨달음과 함께 그 사진은 내게 필요했던 확신을 주었다.

그때부터 나는 혼수상태로 잠시 떠났던 익숙한 지상의 세계로 다시 돌아올 수 있었다. 물론 전혀 다른 사람이 되어서.

나는 다시 태어났다.

그러나 진짜 여행은 그때부터 시작이었다. 날마다 더 많은 진실이 드러났다. 명상을 통해, 영적 세계(부록 참조)에 좀 더 쉽게 접근하기 위한 내 신기술 연구를 통해, 그리고 그 과정에서 만난 사람들과 나눈 대화를 통해. 수많은, 정말이지 수많은 사람이 내가 보았던 것을 보았고, 내가 체험했던 것을 체험했다. 그들은 자신의 이야기를 나누고 싶어 했고, 나 역시 그들의 이야기가 듣고 싶었다. 오랜 세월 물질주의 과학의 신봉자였던 나 같은 사람이 바뀔 수 있다는 사실은 그들에겐 무척 흥분되는 일이었다. 나 역시 같은 생각이었다.

하버드대와 듀크대처럼 명망 있는 대학의 의료 기관에서 오랜 세월 경력을 쌓은 의학박사로서 나는 전형적인 관대한 회의론자였다. 만약 예전에 당신이 내게 임사 체험 관련한 얘기를 했다면, 혹은 죽은 숙모가 찾아와 자기가 잘 지낸다 하더라고 말했다면, 나는 당신을 쳐다보면서 연민이 깃든, 그러나 한편으로는 단호한 목소리로 그건 환상이라고 말했을 사람이다.

수많은 사람이 이런 체험을 하고, 나는 그들을 매일 만난다. 그들은 강연회에서 만난 사람이거나, 스타벅스에서 내 뒤에 줄을 서 있던 사람이거나, 비행기에서 내 옆 좌석에 앉은 사람이다. 《나는 천국을 보았다》 덕분에 나는 이런 얘기를 해도 되는 사람이 되었다.

그들과 이야기를 나누다 보면, 이야기의 통일성과 일관성에 매번 놀라곤 한다. 나는 그들의 이야기에서 고대인의 믿음과 유사성을 점점 더 많이 발견한다. 나는 고대인이 잘 알고 있었던 사실, 즉 천국이 우리를 인간이게끔 한다는 사실을 알고 있다. 우리는 그 사실을 잊음으로써 우리 자신을 곤경에 빠뜨리고 있다. 우리가 어디에서 왔으며, 육체가 죽으면 어디로 가는지 알지 못하면 우리는 길을 잃고 만다.

내 이야기는 그 퍼즐의 한 조각이다. 우주와 우주 안에서 움직이는 사랑의 하느님이 우리에게 보내는, 오만한 과학과 오만한 종교의 시대는 이제 끝났다는 암시이며, 과학과 영혼의 좀 더 훌륭한, 좀 더 심오한 영역의 새로운 결합이 마침내 도래했다는 암시이다.

이 책을 통해 고대 철학자와 신비주의자·현대 과학자 그리고 나 같은 평범한 과학자에 이르기까지 수많은 사람에게 배운 것을, 내가 천국의 선물이라고 부르는 것을 여러분과 나누고자 한다. 이 선물은 우리보다 앞서 살았던 사람들이 알고 있었던 단 하나의 위대한 진실에 마음을 열어야만 받을 수 있다. 그 진실은 바로, 우리가 매일 보는 이 세계보다 더 큰 세계가 있다는 것이다. 우리의 상상을 초월해 우리를 사랑하는 좀 더 큰 세계가 있고, 일상 속에서 그 세계가 존재한다는 암시를 우리가 발견하길 바라며, 그 세계는 매 순간 우리를 지켜보고 있다.

내 생각에는 겨우 몇 초에 불과했지만, 객실 전체가 빛으로 채워졌다. 내가 그 순간을 표현할 수 있는 방법은 이것뿐이다. 왜냐하면 아무것도 보이지 않았기 때문이다. 나는 사랑이 넘치고, 의기양양하며, 찬란한 목적을 지닌 존재에 휩싸인 것 같은 기분이 들었다. 그때보다 더 겸손한 적은 없었으며, 그때보다 더 우쭐한 적도 없었다. 가장 호기심 어린, 그러나 압도적인 감각이 나를 점령했고, 황홀함으로 나를 가득 채웠다. 나는 우리 인류는 괜찮을 거라고 생각했다. 그러나 괜찮을 거라는 말은 얼마나 부족한가! '괜찮다'라는 말은 너무도 미천하다. 모든 인간은 반짝이는 영광스러운 존재이고, 궁극에는 놀라운 환희 속으로 들어설 것이다. 아름다움, 음악, 기쁨, 헤아릴 수 없는 사랑, 말로 표현할 수 없는 영광, 이 모든 것을 인류가 물려받을 것이다. 인류는 그 모든 것의 상속자였다.

50여 년 전의 일이지만, 나는 지금도 흐릿한 가스등이 밝혀진 우중충한 삼등 열차 객실 한쪽 구석에 있는 나 자신의 모습을 본다. 잠시 후 영광의 순간은 지나가고, 묘한 여운만이 남았다. 나는 그 객실에 있던 모든 사람을 사랑했다. 이제 와서 이런 말을 하면 이상하게 들릴 수도 있겠지만, 그리고 이 글을 쓰는 지금도 얼굴을 붉히고 있지만, 그 순간에는 객실에 있던 한 사람 한 사람을 위해 죽을 수도 있을 것 같았다.*

---

* 앨리스터 하디, 《인간의 영적 본질 The spiritual Nature of Man》.

평생에 걸쳐 나는 소속감을 갈구했다. 존경받는 뇌 외과 전문의의 아들로 성장하면서, 나는 외과 의사에 대해 사람들이 갖고 있는 거의 숭배에 가까운 존경심을 항상 의식했다. 사람들은 아버지를 숭배했는데, 아버지가 그렇게 부추긴 건 아니었다. 독실한 기독교 신자로서 겸손했던 아버지는 자신의 세를 확장하는 데 탐닉하기에는 의사로서 자신의 소명을 너무도 진지하게 받아들였다. 나는 아버지의 겸손함과 깊은 소명 의식에 감명을 받았다. 아버지처럼 될 수만 있다면, 그런 능력을 갖출 수만 있다면, 당시 내 눈에는 거의 성스러운 후광이 있는 것만 같았던 의료계의 일원이 될 수만 있다면 더 이상 바랄 게 없었다.

수년간의 고된 노력 끝에 나는 이른바 외과 의사들의 조직에 깊숙이 안착할 수 있었다. 그러나 아버지에게 그토록 쉽고도 자연스럽게 다가왔던 영적 믿음은 나를 비켜갔다. 현대사회의 수많은 외과 의사가 그렇듯 나는 인간의 육체적 측면에만 도통했고, 정신적 측면에는 문외한이었다. 그런 세계가 존재한다는 사실 자체를 믿지 않았다.

그러다가 2008년에 임사 체험을 했다. 내가 겪은 일은 내가 만난 사람들이 들려준 모든 이야기가 그렇듯 우리에게 하나의 대규모 문화 현상으로 일어나고 있는 일의 한 예시이다.

우리 가슴속 깊은 곳에는 천국에 대한 기억이 자리하고 있다. 그 기억을 수면 위로 끌어올리는 것, 당신을 곧장 그곳으로 안내해줄 당신만의 지도를 찾도록 돕는 것이 바로 이 책의 목적이다.

제 1 장

지식이라는 선물

모든 인간은 아리스토텔레스학파이거나 플라톤학파이다.•

— 새뮤얼 테일러 콜리지(1772~1834), 영국의 시인 겸 평론가

    플라톤과 아리스토텔레스는 서구 세계의 양대 아버지이다. 플라톤은 종교와 철학의 아버지이고, 아리스토텔레스는 과학의 아버지이다. 플라톤은 아리스토텔레스의 스승이었지만, 아리스토텔레스는 플라톤 이론의 상당 부분에 반대 입장을 취했다. 특히 아리스토텔레스는 지상 세계를 초월한 영적 세계, 좀 더 실제적인 무한의 세계에서 우리가 경험하는 모든 것의 근간인 영적 세계가 존재한다는 플라

• 새뮤얼 테일러, 《고 새뮤얼 테일러 콜리지의 담화 표본Species of the Table Talk Samuel Taylor coleridge》.

The MAP
of
HEAVEN

톤의 확신에 회의를 품었다.

플라톤은 보다 큰 세계를 단순히 믿는 정도가 아니었다. 그 세계 속으로 파고들었고, 자신의 내면에 그 세계가 있음을 **느꼈다**. 그 이전 그리고 이후의 수많은 신비주의자처럼 플라톤 자신도 신비주의자였고, 자신의 의식과 내면이 좀 더 큰 영적 세계와 밀접하게 연결되어 있다고 믿었다. 요즘 식으로 표현하자면 '거기에 꽂혔다'. 그의 내면에는 천국의 즙이 흐르고 있었다.

아리스토텔레스는 생각이 달랐다. 그는 플라톤처럼 영적 세계와의 직접적 교감을 느끼지 못했다. 따라서 플라톤이 말하는 이데아, 즉 초월적이고 형이상학적인 세계는 환상일 뿐이었다. 플라톤은 우리가 살고 있는 세계의 모든 객체는 단지 이데아의 어설픈 그림자일 뿐이라고 믿었다. 그 신비로운 객체와 플라톤이 속해 있다고 말한 영적 세계의 증거는 과연 어디에 있단 말인가? 플라톤에게 그랬던 것처럼 아리스토텔레스에게도 이 세계는 철저하게, 놀랍도록 지적인 장소였다. 그러나 아리스토텔레스에게 그 지식과 질서의 뿌리는 저 멀리 어느 위대한 장소에 있는 것이 아니었다. 그것은 지금 여기, 우리 앞에 있는 것이었다.

종종 의견 충돌이 있긴 했지만 플라톤과 아리스토텔레스가 합의한 부분도 많았다. 두 사람이 가장 확실하게 합의한 대목 중 하나는 바로 세계의 합리성이라고 부를 수 있는 개념으로, 삶은 이해할 수 있는 것이라는 사실이었다. 현대의 논리 logic라는 단어는 그리스어

로고스 logos에서 유래한 것으로, 오늘날 우리는 주로 기독교를 통해 그 단어를 접하고 있다. 기독교에서 로고스는 하느님 말씀의 발현으로서 예수 그리스도의 존재를 칭하는 또 다른 용어이다. 플라톤과 아리스토텔레스 시대에 이 단어는 물질세계와 인간의 마음속에 살아 있는 지성을 의미했다. 인간으로 하여금 세상의 섭리를 이해하게 하는 것이 바로 로고스였고, 플라톤과 아리스토텔레스가 모두 믿었던 것처럼 우리는 세상의 일부이기 때문에 세상을 이해할 수 있는 것이다. 기하학, 숫자, 논리학, 수사학, 의학을 비롯해 플라톤과 아리스토텔레스 덕분에 발전한 모든 학문은 인간이 자기가 속한 세계를 이해하도록 설계되었기에 가능한 것이다.

우리가 배움이라고 부르는 것은 단지 회상의 과정일 뿐이다.
─ 플라톤(기원전 약 428~약 348), 고대 그리스의 철학자

아리스토텔레스는 지상 세계의 섭리를 최초로 훌륭하게 지도화한 사람이다. 그가 쓴 정치적 글들은 인간이 이 세상에서 잘 살고 세상을 잘 다스리는 최선의 방법을 찾기 위해 초월적 세계의 영감이 필요하지 않다는 개념을 바탕으로 한다. 우리가 스스로 할 수 있는 일이라는 것이다. 크고 작은 질문의 대답은 바로 이곳에서 발견하길

바라고 있다.

플라톤은 생각이 달랐다. 여러 분야에서 두각을 나타냈지만 무엇보다 그는 서구 사회에서 임사 체험의 아버지이다. 《국가 The Republic》에서 플라톤은 에르라는 아르메니아 병사 이야기를 했다. 전투 중 부상을 당해 사망한 것으로 오인받은 에르는 화장용 장작더미 위에 눕혀졌다. 그는 장작에 불이 붙기 직전 살아나 지상을 초월한 세계에 다녀온 이야기를 들려주었다. 그곳은 지상에 사는 동안 사람들이 했던 선행과 악행으로 영혼이 재판받는 아름다운 곳이라고 했다.

플라톤은 그 이야기에 큰 의미를 두었다. 그는 우리가 저 위의 어떤 곳, 에르가 임사 체험을 통해 방문한 곳으로부터 지상으로 왔으며, 우리 내면을 깊이 들여다보면 그곳에서 존재했던 기억을 회복할 수 있을 거라고 믿었다. 우리가 그 기억을 신뢰하고 삶의 기반으로 삼는다면 흔들림 없는 정체성을 확립할 수 있을 거라고 말이다. 지상에서 사는 동안 그 기억이 우리가 태어난 고향인 천상 세계에 우리를 정박하게 해줄 것이다. 훌륭한 그리스어 하나를 사용해 표현하자면, 우리는 아남네시스 anamnesis, 즉 '회상'으로 번역할 수 있는 행위를 수행해야 한다. 지상에 머무는 동안 이 세계를 이해하고 잘 살기 위한 열쇠는 우리 고향인 저 위의 초월적 세계를 기억하는 것이다.

플라톤은 이 세상이 평평하고 그 중심에 그리스가 있으며, 그 주위를 천국이 둥글게 둘러싸고 있다고 믿던 시대를 살았다. 오늘날 우리는 930억 광년 너비, 137억 광년 나이의 우주 내 3,000억 개의 다른 항성이 있는 나선은하 속에서 약 87만 5,000마일 거리의 G2타입* 항성을 공전하는 어느 행성 위에 살고 있다. 그 행성은 생긴 지 45억 4,000만 년 된 지구이고, 38억 년 전 최초의 생명이 시작되었으며, 100만 년 전 최초의 인류가 출현했다.

우리는 이 우주에 대해 플라톤과 아리스토텔레스가 알았던 것보다 훨씬 더 많은 것을 알고 있다. 그러나 어떻게 보면 그들보다 훨씬 더 모른다.

플라톤의 유명한 이야기 중 어두운 동굴 속 사람들의 비유가 있다. 사람들은 오직 눈앞의 벽만 바라볼 수 있도록 사슬에 묶여 있다. 뒤쪽에는 불빛이 있고, 그들을 잡아온 사람들이 뒤에 서서 손을 들거나 움직이는 모습은 불빛에 의해 벽에 드리운 그림자의 움직임을 통해서만 알 수 있다. 일렁이는 그림자가 그들에게는 온 세상이다. 사슬을 풀어주고 대낮의 햇빛 속으로 내보내주어도 그들은 햇살에 눈이 멀어 자신이 본 것을 어떻게 이해해야 할지 모른다고 플라톤은 말한다. 이 정교하면서도 섬뜩한 얘기를 통해 플라톤이 누구를 이야기하고 있는지는 너무도 자명하다.

바로 우리 이야기이다!

---

* 온도와 스펙트럼에 따라 나눈 별의 분류로 태양은 G2에 해당한다.

The MAP of HEAVEN

플라톤과 아리스토텔레스를 읽은 사람이라면 그들의 주장이 결코 단순하지 않을뿐더러, 이런 식으로 내용의 일부만을 단편적으로 읽는 것은 그 미묘함과 복잡함을 무시하는 행위임을 알 것이라 믿는다. 그럼에도 불구하고 이 두 철학자의 차이는 너무나 극명하고, 그 차이는 우리에게 엄청난 영향을 미친다. 그들의 사상은 당신과 내가 매일의 일상을 어떻게 체험할 것인지에 직접 영향을 준다. 우리가 오늘날의 모습으로 살아갈 수 있는 것은 플라톤과 아리스토텔레스 덕분이다. 현대사회를 살아가는 사람이라면 누구나 – 그 사실을 인식할 나이가 되기도 전에 – 이미 그들의 가르침을 받아들였을 것이다. 왜냐하면 사실 우리 모두는 철학자이기 때문이다. 가장 세속적이고 철학적이지 않은 사람조차도 매 순간 철학적인 가정을 한다. 우리의 선택은 철학에 관심이 있느냐 없느냐의 문제가 아니라, 인간으로서 우리가 철학적일 수밖에 없다는 사실을 인식하느냐 못 하느냐의 문제이다.

플라톤과 아리스토텔레스가 살던 세상을 이해하고, 나아가서 오늘날 우리가 살고 있는 세상을 이해하려면 플라톤과 아리스토텔레스 그리고 다른 현대 사상의 아버지들이 나타나기 1,000여 년 전 고대 지중해 국가에서 지대한 역할을 한 신비 종교*에 대해 어느 정

---

* 밀의종교密儀宗敎 혹은 밀교密敎라고도 부르며, 종교 입교자에게만 교리를 공개하는 고대 그리스와 로마 컬트 종교의 통칭.

도 알아야 한다. 플라톤은 그중 적어도 한 가지 종교의 입교자였고, 그 종교에서 터득한 것들이 그가 쓴 모든 글에 영향을 미쳤다. 아리스토텔레스의 입교 여부는 다소 불투명하지만 그가 쓴 수많은 글, 특히 희곡 이론 글에서 나타나듯 그 역시 신비 종교에 큰 영향을 받았다.

신비 종교가 예수와 초기 기독교인에게 얼마나 많은, 혹은 얼마나 적은 영향을 미쳤는지에 대해서는 논란이 분분하다. 세례 의식은 신비 종교에서도 나타났고, 죽었다가 부활하는 신의 개념은 그 과정에서 인류를 구원하는 신의 개념과 함께 신비 종교에서도 찾아볼 수 있다. 기독교와 마찬가지로 신비 종교에서는 입교 의식initiation, 즉 지상의 존재였던 신도들이 지상의 존재인 동시에 천상의 존재로 변화하는 의식을 중요시했다.

이러한 의식은 그리스뿐 아니라 고대 사회 곳곳에 존재했으며, 인간 삶의 핵심적 부분이었다. 주로 젊은 남녀가 육체적으로 성숙해지는 청년기 혹은 그 이후, 즉 한 개인이 앞으로 살아갈 삶의 상당 부분을 지배하고 규정할 직업 혹은 기술 세계로 입문할 때 행해졌다. 모든 의식에는 한 가지 중요한 목적이 있었다. 우리가 누구이고, 어떤 존재이며, 어디에서 왔고 또 어디로 가는지에 대한 영혼의 기억을 되살리는 것이었다.

대부분의 고대 입교 의식과 마찬가지로, 신비 종교에서도 입교자는 그때까지 지상에서의 인간은 죽고 영적 존재로 새롭게 태어났다. 그것은 모호하고 이론적 방식이 아닌 실제 현실이었다. 신비 종교의 중심 개념은 고대의 입교 의식이 대부분 그랬던 것처럼 인간은 이중의 유산, 즉 지상의 유산과 천상의 유산을 둘 다 갖고 있다는 생각이었다. 지상의 유산만 알고 있다면 그것은 자신의 반만 아는 것이었다.

신비 종교 입교 의식을 통해 사람들은 이른바 '천상의' 혈통이라 부를 수 있는 직접적인 지식을 회복할 수 있었다. 어떻게 보면 입교 의식은 사람들을 새로운 존재로 개조한다기보다 무언가를 일깨우는 데 가까웠다. 지상에 오기 전 그들의 존재가 어떻게 시작되었는지, 그리고 그동안 그들이 무엇이었는지를 강력하고 직접적인 방식으로 일깨워주었다.

그리스 도시 이름을 딴 엘레시우스 신비 종교의 의식은 가장 널리 알려진 입교 의식이다. 그들의 의식은 페르세포네 신화에 바탕을 두고 있는데, 페르세포네는 지하 세계의 왕 하데스에게 납치되어 그의 왕국으로 끌려간다. 딸을 잃고 깊이 상심한 페르세포네의 어머니 데메테르는 하데스에게 거래를 제안하는데, 페르세포네가 1년의 절반은 지하에서, 절반은 지상에서 보내게 해달라는 것이었다. 페르세포네가 지하에서 보내는 절반은 겨울이었다. 결국 강과 들판의 모든 생명은 가을에 페르세포네와 함께 지하 세계로 떠났다가 봄이면 돌아와 새로운 식물과 동물 형태로 태어났다.

페르세포네는 이난나라고 부르는 훨씬 나이 든 여신과도 관계가 있다. 이난나는 그리스 초기 비옥한 초승달 지역에서 그리스인들보다 7,000년 앞서 살았던 수메리아인이 숭배하던 신이다. 그 지역은 훗날 이스라엘 사람들이 살던 곳이기도 하다. 이난나는 천국의 여왕이었고, 수메리아 사람들에게 전해 내려오는 신화에는 이 여신이 죽은 자들의 땅으로 하강하는 대목이 있다. 이난나는 하강하는 과정에서 지하 세계의 일곱 단계를 거치는데, 각 단계에서 자신이 착용하고 있던 옷가지와 장신구를 버려 죽음의 왕 앞에는 나체로 섰다고 전해진다. 죽음의 왕은 우연히도 이난나의 자매였다. 결국 이난나는 살해를 당해 벽에 달린 고리에 걸렸다. 그리고 페르세포네와 마찬가지로 이난나도 부활해서 지상으로 돌아왔다. 그러나 이난나의 승리는 완벽한 것이라고 말할 수 없다. 왜냐하면 수메리아 사람들은 죽음을 단지 적으로만 본 게 아니라, 기본적으로 정복할 수 없는 대상으로 보았기 때문이다.

신비 종교는 부분적으로 이런 신화들을 중심으로 만들어졌지만, 저마다 결말이 다른 이야기를 들려준다. 이러한 종교의식이 1,000년이나 지속되었다는 사실을 감안할 때 다소 의아한 일이긴 하지만, 우리는 신비 종교의 입교 의식에서 정확히 어떤 일이 벌어졌는지 알지 못한다. 그들의 의식은 상당히 극적인 경우도 있었다. 때로는 입교자의 눈에, 이를테면 밀 한 알처럼 평범한 물건이 보이는 것으로 의식이 정점에 달하기도 했다. 입교 의식은 바로 그 순간을 위해 서서히 극적 긴장감을 조성했다. 그 과정에 역동적인 음악과 춤이 포함되고, 마지막 단계에서는 궁극의 비밀이 드러나는 내면의 성소로 눈이 가린 채 안내되었다. 세심하게 짠 준비 과정으로 의식의 절정에 보이는 환영은 입교자에게 심오한 상징성을 지니는 것은 물론, 실제로 초자연적이고 감정적 측면도 지니고 있었다. 입교 의식에서는 입교 당사자에게 드러난 상징적 물체를 평범한 것 이상의 무엇으로, 세속의 물체이지만 그 이면의 세계를 들여다보는 실질적인 창으로 보았다.

예를 들어, 입교자가 밀의 줄기를 보았다면 이는 곡식이 매년 죽었다가 다시 태어나는 것을 알려주는 상징인 것은 물론, 모든 신비 종교가 지닌 핵심 진리, 곧 죽음 이후 부활의 실질적 발현이라고 볼 수도 있었다. 기대감이 최고조에 달한 상태에서 입교자는 자신이 본 물체를 영원한 삶의 일원이 되었음을 확인해주는 눈부시고 확고한 표상으로 여겼다. 이제 자신은 죽음으로 인해 죽지 않는다는 표상 말이다.

신비 종교의 입교자는 갓 태어난 어린아이로 여겼는데, 이것이 바로 그들이 종종 '두 번 태어난 자'로 불리는 이유이다. 그들은 지상의 현실보다 **더 실제인** 현실을 보았고, 그로 인해 인간의 삶이 죽음 이후에도 계속된다는 부동의 확신을 갖게 되었다. 이 확신은 그 순간 너무도 확고해서 그들의 삶에 어떤 행복이나 슬픔이 닥치더라도 입교자의 마음 일부는 **절대로** 슬퍼하지 않았다. 아니, 슬퍼할 수가 없었다. 왜냐하면 입교자는 우리가 누구이고, 어디에서 왔으며, 또 어디로 가는지에 대한 직접 경험을 통해 치유받은 자이기 때문이었다. 그 순간부터 입교자는 이중 국적자가 되었다. 이 세상에 살고 있는 동안에도 이미 그는 영광스러운 빛으로 가득한 저 너머 세계에 한 발을 들여놓은 셈이었다.

내가 이 고대 사상을 왜 이 책에 끌어들였는지 여러분은 아마 감을 잡기 시작했을 것이다. 《나는 천국을 보았다》를 읽은 독자라면 앞서 언급한 신화들 속에 내 이야기와 똑같은 울림이 있다는 것을 간파했으리라. 왜 공통점이 나타나는가? 그것은 어떤 의미인가? 나는 신비 종교의 의식을 비롯한 여러 입교 전통이 고대인에게 가르친 진리야말로 우리가 갈구하는 바로 그것이라고 믿는다. 기독교, 특히 초기 기독교가 그러한 진리를 가르쳤다. 이 점에 대해서만큼은 기독교인과 비기독교인 모두 감사해야 할 것이다. 왜냐하면 이 진리는 오늘날 우리 세상을 이토록 찢어놓은 모든 교리와 종교적 차이를 초월한 것이기 때문이었다.

나는 천국이 우리를 인간일 수 있게 한다고 믿는다. 우리가 그곳에서 왔고, 또 그곳으로 돌아가리라는 인식이 없으면 우리 인간의 삶은 이치에 맞지 않는다. 수많은 사람이 내게 들려준 경험은 과거와 마찬가지로 오늘날에도 우리가 이러한 진실을 알아야 한다는 사실을 일깨워준다.

알렉산더 박사님

……마음에 걸린 게 한 가지 있다면 바로 박사님이 말씀하신 '지렁이 시야의 시기'였는데, 그 이야기는 섬뜩하더군요. 도대체 왜 그런 경험을 하셨는지, 그리고 다른 사람들도 그런 경험을 했는지 궁금합니다. 저는 그 이야기를 저의 세계관에 부합시킬 수가 없었어요. 박사님이 나중에 쓰실 책에서 밝혀주셨으면 합니다.

저는 호스피스 병동의 자원봉사자로 일하기 위해 훈련을 받기로 했습니다. 죽어가는 사람들에게 조금이나마 위안을 주고, 우리에게 일어나는 그 중대한 사건에 대해 좀 더 자세히 알고 싶어서입니다.

죽음, 그것은 엄청난 모험입니다. 서구 문명사회 속에서 우리가 최대한 그것을 부정해왔다는 사실은 참으로 놀랍습니다. 아마도 그런 점이 바로 우리 사회의 역기능을 설명할 수 있지 않을까 생각합니다.

고대 그리스인은 삶을 사랑했다. 《일리아드 Iliad》와 《오디세이 Odyssey》는 모두 육체적 존재의 기쁨과 고통으로 가득 차 있다. 그러나 호메로스가 살던 때의 그리스는 플라톤과 아리스토텔레스보다 500년이나 앞선 시대였고 천국을 믿지 않았다. 사후 세계를 생각할 때 그들은 창백하고 으스스한 유령들의 세계를 떠올렸는데, 그것은 우리가 사는 이 세상보다 훨씬 더 끔찍하고 열등한 세상이었다. 호메로스의 《오디세이》에 등장하는 아킬레스는 사후 세계의 왕보다

이 세상의 노예가 낫다고 말한다.

고대인 대부분이 사후 세계를 이런 식으로 인식했고, 신비 종교의 의식은 사후 세계가 암울하고 어두울 것이라는 인간의 두려움에 대한 하나의 대답으로 진화한 듯싶다. 죽음은 항상 두려운 것이었고, 생활 속에서 매일 죽음을 목격했던 고대인은 오늘날의 우리보다 그 사실을 더 잘 알고 있었다. 신비주의 의식의 전통은 전 세계적으로 사람들이 죽음에 어떻게 대처했는지를 잘 보여주는 좋은 예라고 할 수 있다. 그 시절의 죽음은 두려운 대상일 수도 있었다. 매도할 수도 있었고, 기쁘게 받아들일 수도 있었으나 외면할 수는 없었다.

"이것을 본 자 행복할지니, 입교하지 않은 자는 암울한 어둠 속에서 사후에 같은 장소에 있지 못하리라."● 죽음의 공포를 넘어 그 이면에 존재하는 경이로움을 목격한 어느 입교자가 남긴 글이다. 여기서 암울한 어둠은 내가 여행을 시작한 곳,《나는 천국을 보았다》에서 지렁이 시야의 세계라고 부른 원시의 땅속 같은 장소와 상당히 흡사하다.

육체를 초월해 존재하는 여러 세계를 여행한다는 것이 항상 쉬운 일은 아니다. 지렁이 시야의 세계는 내 경험에 의하면 두려움과 처벌의 세계가 아니었다. 그곳은 바르게 살지 못했다는 이유로 '회부되는' 장소가 아니었다. 그러나 나는 그곳이 수많은 고대 사회에서

● 《호메로스 찬가 Homeric Hymns》.

묘사한, 사후의 흐릿하고 축축하고 낮은 세계와 상당히 유사하다는 것을 깨달았다.

영적 세계는 바다와도 같다. 그곳은 너무도 광활하다. 우리가 살아 있는 동안 이 세계에 대한 완충장치 역할을 했던 육체와 두뇌가 무너지면, 우리는 영적 세계의 낮은 단계 영역으로 떨어지는 위험을 감수해야 한다. 그곳은 우리 내면의 낮은 영역과 직접 교감하는 극단적으로 음울한 영역이다. 내가 생각하기엔 고대인이 사후 세계 얘기가 나올 때마다 언급하는 음울하고, 어둡고, 비참한 세계인 것 같다. 그리고 이는 바로 그리스를 비롯한 수많은 고대 국가에서 입교 의식이 그토록 중요했던 이유이다. 입교 의식을 통해 사람들은 우주적 존재로서 인간의 정체성을 체험으로 깨닫는다. 우주적 존재로서 인간의 내면 구조는 사후 세계에서 우리를 기다리는 영적 세계의 구조를 그대로 반영한다. 인간의 영혼이 영적 세계에 바탕을 두고 있다는 개념은, 곧 고대 그리스인이 "너 자신을 알라"는 가르침을 통해 우리에게 생명을 부여한 우주에 대해 배웠음을 의미한다.

입교 의식은 두려운 경험일 수도 있다. 왜냐하면 영적 세계는 인간의 정신세계가 그렇듯 어두운 측면을 지니고 있기 때문이다. 그러나 대체로 이런 의식은 오히려 입교자에게 큰 힘이 되었던 것 같다. 입교자는 그 의식을 통해 지상 세계 삶의 무게를 감당할 수 있도록 준비할 수 있을 뿐 아니라, 죽으면 돌아가게 될 좀 더 높은 차원의 세계로 가는 길을 그 의식이 찾을 수 있도록 도와준다는 사실을 알고 있었다. 이 모든 것이 고대인에게는 **실제 현실**이었다. 그 세계에 대해 그들이 하는 말 중 적어도 일부는 경험에 바탕을 두었고, 그래서 그 주제에 관해 그들이 쓴 글은 흥미진진하면서도 어떤 이들에게는 섬뜩하다.

그러나 두려워할 필요는 없다. 우리의 두뇌와 육체가 제공하는 완충장치에서 벗어나면 우리는 우리가 있어야 할 곳으로 갈 것이다. 비록 완벽하지 못하더라도(이 점에 대해서라면 내가 잘 알고 있다. 왜냐하면 나는 결코 완벽하지 않기 때문이다) 우리는 빛과 사랑과 수용의 세계로 갈 것이다. 성자가 되어야 하는 것도, 완벽한 인간이 되어야 하는 것도 아니다(심오한 영적 세계에서 보면 우리는 이미 그렇다). 그러나 우리가 얼마나 열려 있는가는 중요하다. 사후 세계의 어둠, 즉 우리 자신의 좀 더 어둡고 탁한 영역과 일치하는 어둠의 세계로 기꺼이 빨려 들어갈 수 있을 정도로, 또 우리가 원하면 갈 수 있는, 우리 모두가 갈 수 있는 능력을 지닌 그 빛의 세계로 높이 올라갈 수 있을 정도로 열려 있는지는 중요하다.

내 육체에서 벗어나 회전하는 멜로디와 그 멜로디가 발산하는 빛이 내려오면서 좀 더 높은 차원의 세계로 가는 문을 열어주었을 때 나는 기꺼이 응할 수 있었기에 구원을 받았다. 그것이 내게 안내자를 자청했고, 나는 그 초대에 말없이 응했다. 그리고 머지않아 빛의 세계로 따라 올라갈 수 있었다. 그것이 눈부신 황금색 빛줄기와 함께 나를 '데리러' 왔을 때 내 일부는 기쁨과 안도와 깨달음으로 반응했다. 그러나 그것이 왔을 때 그만큼 열려 있지 않은 사람들도 있었다. 빛이 내려올 때 내면에서 어떤 반응도 일어나지 않은 사람들이 있었다. 그래서 그들은 그곳을 떠날 마음의 준비가 될 때까지 그들이 있던 곳, 그 어둠 속에 머물렀다. 이 사실을 미리 아는 것은 참으로 중요하다. 바로 이런 이유로 사후 세계의 존재와 그곳이 어떤 모습인지 아는 것이 고대인에게 가장 큰 천국의 선물이 될 수 있었던 것이다.

제 2 장

의미라는 선물

다른 무엇보다도 문명의 미래는 인류 역사상 가장 강력한 양대 세력인
과학과 종교가 어떤 공존 관계를 형성하느냐에 달려 있다.[*]
– 앨프리드 노스 화이트헤드(1861~1947), 영국의 철학자

플라톤은 자신이 입교한 신비 종교의 정신 속에서 대부분의 사람
이 기껏해야 음울한 잿빛 영역일 거라고 믿었던 사후 세계에 대한
호메로스의 철학을 완전히 뒤집었다. 지상에서의 밝음과 햇살과 기
쁨으로부터 축소 혹은 추락은커녕 사후 세계의 최상위층에 도달하
면 오히려 더 실제이고, 더 생생하며, 지상의 삶보다 더 살아 있음을
느낀다고 했다. 플라톤은 사후에 우리를 기다리고 있는 것이야말로
진짜 세계이고, 지상에서의 모든 삶은 단지 그 세계를 위한 준비일

• 러셀, 《과학에서 신으로 From Science to God》.

뿐이라고 주장하면서 진정한 철학은 곧 "죽음을 위한 준비"라는 유명한 말을 남겼다.

플라톤은 우리에게 직접적으로 말하고 있다. 예수처럼 글을 남기지 않은 그의 스승 소크라테스와 달리, 플라톤은 글쓰기의 중요성을 인식했다. 글로 남겨야만 잊어버리기 잘하는 후손들이 반드시 알아야 할 것들을 다시 배울 수 있을 거라고 생각했다. 신비 종교의 교리는 새로운 방식으로 표현할 필요가 있었다. 그는 세상의 섭리를 보았다. 아니 적어도 보았다고 생각했다. 모든 위대한 영적 지도자와 마찬가지로 플라톤 역시 진실을 공유해야 한다고 믿었다. 예수를 비롯한 수많은 종교 지도자가 그랬듯, 그 역시 사람의 듣는 능력에 대해 회의적이었다. 플라톤은 이 책의 서두에서 언급한 세 가지 거창한 질문에 글로 대답하고 있다. 답을 찾는 사람들이 놓치지 않도록 아주 상세하게 적었다. 우리를 위해 그 대답을 남겨놓았다고 해도 과언이 아니다.

그러나 플라톤은 아리스토텔레스가 자신의 이야기를 완성해주기를 바랐다. 과학자로서 나는 바로 이 대목이 너무나 흥미롭다고 생각한다. 결과적으로 죽음이 삶보다 더 근사하다고 말함으로써 플라톤은 육체적 존재를 폄하하는 다양한 개념에 길을 열어준 셈이다. 인간의 삶은 아무런 의미도 없다고 말하는 부정적 실존주의 철학자부터 지상의 존재를 절대 악으로 보고 지옥의 고통을 역설하는 목사에 이르기까지 말이다. 아리스토텔레스는 이 점을 바로잡았다. 그는 물질세계의 경이로움에 대한 관심을 고취하고, 그 경이로움이 발현되는 질서를 좀 더 명확하게 지도화함으로써 물질세계에 대한 엄정한 관찰과 예리한 인식의 전통을 확립했다. 아울러 그러한 전통은 현대 과학의 정신적 틀을 갖추는 데 지대한 공헌을 했다.

오늘날 우리가 해야 할 일은 플라톤학파와 아리스토텔레스학파의 장점을 취합하는 것이다. 이것이야말로 우리가 갈구하는 새로운 통찰이며, 개인적 경험을 통해 사람들이 채택하기 시작한 이론이다. 많은 사람이 플라톤과 아리스토텔레스 철학의 차이는 주로 우리 존재의 근원에 있음을 간파했다(아서 허먼의 최신작 《동굴과 빛The Cave and the Light》은 플라톤과 아리스토텔레스의 견해차를 하나의 틀로 이용해온 서구 문화에 관한 내용이 고스란히 담겨 있다). 이는 낡고 먼지 앉은 역사책에만 갇혀 있어서는 안 되는 지식이다. 바로 지금 우리에게 꼭 필요한 지식이다.

모두가 인식하기 시작한 것처럼 나 역시 다가올 시대에 엄청난 시련이 있을 거라고 예상하지만, 한편으로는 천국과 천국의 모든 것을 다시 한 번 진지하게 받아들이는 시대가 될 수 있을 거라고 생각한다. 만약 그런 일이 일어난다면, 만약 이 책에서 묘사한 것과 같은 경험을 사람들이 얘기하기 시작한다면 믿음의 흐름은 완전히 달라질 것이다. 플라톤과 아리스토텔레스의 정신이 사상 처음으로 함께 부흥할 것이며, 인류의 세계관에 역사상 가장 큰 변화가 일어날 것이다.

그러나 설령 그런 일이 일어난다 해도 물질세계를 초월한, 상상할 수 없을 정도로 광활한 세계의 비밀을 현미경으로 분석할 수 있을 거란 얘기는 아니다. 이 우주는 - 더구나 가장 신비롭고 은밀하며 정의하기 어려운, 의식이라는 이름의 우주는 - 그런 식으로 다룰 수 있는 대상이 아니다. 의식을 연구하려면, 천국(비물질세계)에 있는 것들을 연구하려면 예수가 제안한 대로 겸허하게, 희망을 담아, 문 앞에 서서 문을 두드려야 하고, 들여보내달라고 요구할 것이 아니라 정중하게 부탁해야 한다. 이런 관점에서 생각해보면, 과학이 다시 한 번 현대의 신비 종교가 되어야 한다고 말해야 할는지도 모르겠다. 과학은 우주로부터 무언가를 요구하기보다는 정중히 부탁하는 법을 다시 배워야 할 수도 있다. 다시 말해, 과학은 그동안 우주가 스스로 드러내온 증거에 굴복해야 할 수도 있다. 실제로 이 우주는 정신이 먼저이고, 그다음이 물질임을 현대 과학에 100년 넘게 제시해왔다. 문제는 증거 자체가 아니라 너무도 많은 과학자가 너무나 완강한 나머지 그 증거를 보지 못한다는 것이다.

과학, 특히 의학 분야는 항상 입교적 측면을 지니고 있었다. 과학은 언제나 하나의 클럽이었고, 회원들이 지켜야 할 규칙이 있었으며, 외부인이 이해하지 못하는 불가사의한 용어들이 있었고, 내부의 성소로 들어가 그 집단의 진정한 일원이 되기 위해 거쳐야 하는 일련의 시련과 시험이 있었다. 나는 지금도 의과 대학원을 졸업하던 날을, 처음으로 혼자서 수술을 집도하던 날을, 누군가의 목숨을 구하는 일에 처음으로 기여했던 날을 생생히 기억한다.

현대사회에는 입교의 성격을 지닌 온갖 단체가 넘쳐난다. 대학의 남학생 클럽과 여학생 클럽, 사교 클럽과 스포츠 클럽 등등. 이러한 단체의 입교식(그리고 입교식에 수반되는 끔찍하고 때로는 물의를 일으키기도 하는 시련)은 고대 사회와 원시 시대 인간의 삶을 규정하고 틀을 만든 입교식에서 그 기원을 찾을 수 있다. 대학 시절 했던 스카이다이빙이야말로 완벽한 그리고 훌륭한 입교 클럽이었다. 나의 교관, 어쩌면 입교식의 진행자라고도 할 수 있는 사람이 1972년 9월 내게 한 말을 영원히 잊을 수 없다. 우리가 타고 있던 싱글 엔진 세스나 Cessna 195 경비행기가 반듯하게 수평을 잡았고, 내가 첫 점프를 할 수 있도록 문이 열려 있었다.

"준비됐습니까?"

알렉산더 박사님

저는 요가와 명상을 가르치는 교사입니다. 그래서 아버지가 임종을 앞두었을 때 어머니가 극심한 고통을 겪고 있다는 걸 알 수 있었습니다. 아버지는 삶에 대한 통제권을 잃을수록 어머니에게 자신의 분노를 쏟아냈습니다. 어머니는 여전히 아버지를 조건 없이 사랑했지만 실의에 빠졌습니다. 어머니의 삶은 아버지를 중심으로 엮은 것이었지요. 어머니는 아버지가 세상을 떠나면 그때부터 아무것도 먹지 않겠다고까지 했습니다.

이런 일이 있기 석 달 전, 저는 성령께 세 가지를 부탁했습니다. 첫 번째는 아버지가 사랑을 '느끼도록' 해달라는 것이었습니다. 의욕이 넘치고 열심히 살아온 아버지는 항상 다음 임금 인상, 다음 승진, 다음 골프 게임 등에서 행복을 찾았지요. 화가 난 저는 아버지가 자신의 존재를 관통하는 사랑을 깨닫게 해달라고 간청했습니다. 두 번째는 아버지가 자신의 육신을 떠난 뒤에도 살아 있다는 것을 어머니가 깨닫게 해달라고 간청했습니다.

그러던 어느 날, 아버지가 어머니와 제 손을 잡고 눈물을 흘렸습니다. 아버지는 어머니를 바라보면서 "난 평생 당신을 찾아 헤매었소. 당신은 내 일생일대의 사랑이야"라고 말했습니다. 그러고는 저와 제 여동생을 정말 사랑한다고, 우리가 정말 소중하다고 했습니다. 우리는 모두 울었고, 서로에게 진심을 털어놓기 시작했지요. 아버지는 잠이 들었고, 다시 깨어났을 때는 그 일을 전혀 기억하지 못했습니다. 하지만 어머니와 저는 기운을 차렸고, 그날 이후 며칠 동안 성령께 감사했습니다.

(아버지가 돌아가신 뒤) 어머니는 제게 3주 뒤 돌아와 단식을 도와달라고 했습니다. 그러고는 2주 뒤 우리와 함께 크리스마스를 보내기 위해 플로리다에서 메인주로 오겠다고 했지요. 멋진 소식이 있다면서 직접 전하고 싶다면서요. 여동생이 도착하자 어머니는 우리에게 침대맡에 앉으라고 했습니다. 저는 무슨 일이 있었기에 이렇게 달라졌느냐고 물었습니다. "정말 믿기 힘든 일이지만 사흘 전 잠에서 깨어났는데 네

아버지가 침대맡에 앉아 있지 뭐냐?" 어머니가 말했습니다. "꿈이었 겠죠. 그렇지 않을까요?" 제가 말했습니다. "아니, 너희 아버지는 너 희보다 더 생생하게 살아 있었어. 마흔다섯 살쯤 되어 보이더라. 사랑 이 담긴 그윽한 눈길로 날 바라보고 있어서 날 기다리고 있다는 걸 알 았단다." 그 순간 저는 어머니가 너무나 달라졌다는 것을 깨달았습니 다. 더 이상 고통스러워하지 않았고, 너무도 평화로웠습니다.

그 후로 어머니는 동맥류 수술을 받았습니다. 간호사 말에 따르면, 어 머니는 한 번도 불평을 하지 않았고 주위에 후광이 있는 것 같다고 했 습니다. 저 역시 그것을 보았고요. 어머니는 물리 요법으로 기력을 회 복하려 애썼지만, 수술은 성공적이지 못했습니다. 어머니는 호흡기를 떼어달라고 침착하게 부탁했고, 저는 어머니가 숨을 거둘 때 그 곁을 지켰습니다. 어머니가 떠나기 전까지 우리는 웃으며 이야기를 나누었 고, 진정으로 서로를 이해할 수 있었습니다.

어머니는 당신이 인간의 체험을 하는 순수한 정신이며, 영원한 존재 이고, 사랑받는 존재임을 알고 있었습니다. 우리의 실체를 일깨워주 기 위해 이곳에 온 단 하나의 신성神性과 모든 스승께 감사합니다.

《나는 천국을 보았다》에서 내가 묘사한 여행이 일종의 현대판 신 비 종교 입교식이라는 생각이 들었다. 신비 종교 입교식이 그랬던 것처럼 그 체험을 통해 나는 세상에 대해 그때까지 갖고 있던 관점 을 버리고 새로운 관점으로 태어났다. 많은 사람이 나와 같은 관점의 변화, 자신을 바꾸어놓을 영적 체험을 하고 있다. 마치 우리 모두가 하나의 문화 현상으로 대규모 입교식을 치르는 것 같다. 이것은 현대 역사학자 리처드 타나스가 제시한 개념이기도 하다.

> 내가 보기에 인류는 죽음과 환생의 미스터리에서 가장 중대한 단계에 접어든 것 같다. 서구 문명의 모든 행로가 우리 인류와 이 행성을 일종의 입교적 변화 궤도에 올려놓았다. 처음에는 핵전쟁 위기를 통해, 이후에는 생물학적 위기를 통해 인류는 개별적이고 사적인 죽음이 아닌 개인을 초월한 집단적이고 우리 행성 전체를 아우르는 죽음과 조우한 것이다.[*]

다가올 미래의 얘기가 아니다. 현재 일어나고 있는 일이다. 실제 현실에 대한 새로운 관점이 서서히, 그러나 견고하게 구축되고 있다. 타나스 같은 현대 사상가의 머릿속에서만 일어나는 일이 아니라 평범한 사람들에게서도 일어나고 있다. 그들은 우리가 누구이며, 어디에서 왔고, 실제로 어디로 가는지 엿본 사람들이고, 나처럼 그것을 설명할 적절한 어휘와 관점을 찾고 있는 사람들이다.

쉬운 일은 아니다. 어떻게 하면 혼란에 빠지지 않고 기존의 세계

---

[*] 리처드 타나스, 《인간의 심리는 통과의례를 거치고 있는가?Is the Psyche Undergoing a rite of passage?》.

관을 새로운 세계관으로 대체할 수 있는가? 어떻게 하면 하나의 질서로 이루어진 세상에서 또 다른 질서로 이루어진 세상으로, 그 사이로 미끄러져 추락하지 않고 옮겨갈 수 있는가? 그렇게 하려면 용기가 필요하다. 나는 그 용기를 우리가 간청하면 언제든 얻을 수 있다고 믿는다.

지식을 숨기지 않는 것이야말로 과학자의 책임이다.
그 지식이 아무리 권력자를 불편하게 만드는 것일지라도.
우리는 어떤 지식이 용인받고 용인받지 않는지
결정할 수 있을 정도로 지혜롭지는 않다.
– 칼 세이건(1934~1996), 미국의 천문학자

1987년 자신의 저서 《더 먼 바닷가A farther shore》(최근 《Farther Shores》라는 제목으로 재출간됨)에서 이본 카슨은 수련의 시절 환자를 태우고 이동하던 중 자신이 탄 경비행기가 차가운 캐나다 호수에 추락했을 때 경험한 임사 체험에 대해 썼다. 기체 안으로 물이 밀려들 때 이본은 무거운 들것에 단단히 고정된 환자를 구하려 애썼다. 들것이 문을 통과하기에는 너무 넓다는 사실을 깨달았을 때 그녀는 손이 완전히 얼어서 제대로 움직일 수 없었다. 이본은 물이 들어오는 문으로 빠져나와 바닷가로 헤엄을 쳤다.

격한 기침을 하면서 온몸이 얼얼한 상태로 얼음장처럼 차가운 수면 위로 간신히 고개를 내밀고 있는 어느 순간, 이본은 자신의 몸이 호수에서 수십 미터 위로 편안하고도 고요하게 떠오르는 것을 느꼈다. 해변을 향해 헤엄쳐 가는 자신의 모습과 방금 탈출한, 반쯤 물에 가라앉은 비행기 모습이 또렷하게 보였다. 비행기 안에서 여전히 들 것에 묶여 있는 환자는 물살과 수온을 감안할 때 이미 사망한 게 분명했고, 그녀 자신도 마찬가지임을 알 수 있었다. 그런데도 이본은 무척 평화로웠다. 무슨 일이 닥치더라도 자신이 깊은 사랑과 보살핌을 받고 있음을 알았다. 아무것도 걱정할 게 없었다.

이본은 추락한 비행기에 탔던 다른 두 사람과 함께 얼어붙은 해변으로 기어 나와 구조를 기다렸다. 마침내 헬리콥터가 도착했고, 이본이 책에 표현한 바에 따르면 '비정상적 의식과 정상적 의식' 사이에 떠 있는 상태로 그녀는 병원으로 후송되었다. 간호사들이 그녀를 수沐 치료실로 데려가 월풀 욕조 속에 몸을 담그게 했다.

소용돌이치는 뜨거운 물속으로 들어갈 때 내 의식이 팽창 상태에서 수축되는 것을 느꼈고, 머리 쪽으로 빨려 들어와 몸속으로 들어오는 것 같은 기분이 들었다. 요술쟁이 지니가 호리병 안으로 빨려 들어갈 때 꼭 그런 느낌일 것 같았다. 쉭! 하는 소리가 났고, 감각이 아래로 빨려 들어가는 소리가 들렸다. 그리고 문득 내가 다시 내 몸속으로 돌아왔음을 느꼈다.

이본이 쓴 글이다. 믿을 수 없는 이야기이지만 더 놀라운 것은 그 뒤로 이본에게 일어난 일이다.

임사 체험 이후 변화를 겪은 몇 달의 시간 덕분에 나는 심리적으로 좀 더 강하고, 명확하고, 균형 잡힌 인간이 되었다. 나는 정직하게 말할 수 있는 놀라운 내면의 힘과 용기를 얻었다. 그 체험은 15년이 지난 지금도 나에게 엄청난 영감의 원천이 되고 있다. 더 중요한 것은 그 체험이 지금까지도 진행되고 있는 영적 변화의 시작이었다는 사실이다.

그러나 결코 한순간에 일어난 변화는 아니었고, 그 사건은 실제 현실에 대한 이본의 기존 사고방식에도 큰 충격을 주었다. 다음은 그녀의 글이다.

마침내 직장으로 돌아갔을 때 나는 손가락 끝까지 감각을 회복하고 육체적·정서적으로 건강했지만 여전히 내가 임사 체험을 했다는 사실은 모르고 있었다. 임사 체험이 인간의 마음을 영적 기운에 열려 있게 한다는 사실을 알지 못했다. 그런 상태에서 비행기 추락 사건 이후 두 달이 지난 어느 날, 내가 처음 영적 체험을 했을 때 얼마나 놀랐을지 상상해보라.

어느 날 저녁, 근무를 마치고 친구 수전의 집으로 차를 몰고 있었다. 빨간불에 멈추어 섰는데, 너무도 생생하고 밝은, 거의 빛을 발하는 이미지가 뇌리에 떠올랐다. 고름이 가득 찬 뇌의 모습이었다. 얼마나 선명했는지 나는 완전히 충격에 휩싸였다.

뇌 상태로 보아 뇌수막염이 분명했다. 뇌를 둘러싸고 있는 막에 염증이 생기는 증상이었다. 나는 그것이 수전의 뇌임을 확신했다. 처음엔 너무 충격적이라 아무에게도 말하지 말아야겠다고 생각했다. 그러나 수전의 집에 도착했을 때, 그녀는 평상시와 다른 극심한 두통 때문에 몇 시간째 고생하고 있다고 말했다. 두통은 전형적인 뇌수막염 증상이었다. 나는 수전을 놀라게 하고 싶지 않았다. 그래서 단지 확인 차원에서 뇌수막염의 일반적 증상이 있는지 물어보았다. 두통 말고 다른 증상은 전혀 없었는데도, 고름에 뒤덮인 끔찍한 뇌 모습이 내 머릿속을 떠나지 않았다. 무슨 말이든 해야만 할 것 같았다. 나는 머뭇거리면서 내가 본 장면과 그것이 무엇을 의미하는지 수전에게 얘기했다. 수전은 잠시 생각해보더니 자신의 두통이 뇌수막염 초기 증세인지 확인할 방법을 물었다.

이본은 수전에게 뇌수막염 증세를 설명해주었고, 만약 증상이 심해지면 응급실로 가겠다는 약속을 받았다. 결국 증세가 심해졌고, 수전은 응급실로 갔다. 이본은 다음과 같이 기록했다.

응급실에 도착하자 의사들이 척수를 뽑아낸 뒤 수전에게 희귀하고 치명적일 수도 있는 뇌수막염임을 확인해주었다. 조기에 증상을 발견한 덕분에 의사들은 성공적으로 치료했고, 수전은 2주일 만에 집으로 돌아올 수 있었다.

처음에 이본은 자신이 갖게 된 새로운 능력이 당혹스러웠다. 그녀는 그로부터 몇 년 뒤 내 동료이자 임사 체험을 연구하는 케네스 링을 만났고, 비로소 영적 세계에 대한 감각이 깨어나는 것이 임사 체험에 흔히 수반되는 결과임을 깨달았다.

조지프 캠벨은 1949년 집필한 고전 《천의 얼굴을 가진 영웅 The Hero with a Thousand Faces》에서 모든 신화와 전설은 본질적으로 하나의 이야기라고 주장했다. 간단히 정리하면, 이야기는 다음과 같은 식으로 전개된다는 것이다. 요컨대 자신이 할 일을 하던 한 남자, 혹은 한 여자(여기서는 편의상 '그'라고 부르기로 한다. 물론 본질적으로 이 문제에서 여성 수가 절대 부족하지는 않지만 말이다)가 자신의 삶에서 이탈해 이상하고 낯선 상황에 처한다. 그는 거기서 온갖 시련을 겪고 충격적인 체험을 하는데, 신과의 만남으로 이야기는 절정에 달한다. 만약 주인공이 남자라면, 신은 너무도 아름답고 지혜로운 존재, 일종의 천사 같은 존재로 나타나 그를 더 높은 세계로, 아마도 신에게 가는 길로 안내한다.

이 천사 같은 존재는 주인공과 완전히 다른 존재이지만 그러면서 한편으로는 – 신화와 꿈에서만 가능한 묘한 논리로 – 주인공의 가장 심오한 자아라고 볼 수도 있다.

이러한 범세계적 이야기에 또 하나 공통점이 있다면, 주인공이 일종의 상처로 고통받고 있다는 점이다. 그를 시험에 들게 하고 고통을 주는 약점이 있으며, 그래서 주인공은 자신의 운명을 완수하지 못하지만 사후 세계에서 신과의 만남은 그 상처를 치유한다. 자신이 살던 세계로 돌아갔을 때 그는 전혀 다른 사람이 된다. 그리고 입교 의식을 치른다. 모든 입교 의식이 그렇듯이 이제 두 세계의 시민이 된 것이다.

이런 이야기에는 종종 특정 요소가 포함되기도 하는데, 자신의 세계로 돌아간 주인공이 자신에게 일어난 일의 의미를 놓고 고민하는 대목이다. 그 일이 일어날 당시 그 사건은 분명 실제 현실이었다. 그러나 혹시 꿈일 수도 있지 않을까?

그러던 중 사소한 사건을 통해 그가 사후 세계에서 겪은 모험과 교훈을 다시 한 번 확인한다. 그리고 이제 그는 자신의 모험이 실제였음을 보여주는 증거를 확보한다. 그가 갔던 곳은 단순한 꿈이 아니고, 그곳에서 가져온 보물 역시 확고한 실제 현실이다.

왠지 익숙하게 들리는가?

입교자 혹은 영웅은 지하실, 무덤, 또는 다른 구조물에 갇혀 있는 경우가 많다. 영혼이 다른 세계로 여행을 떠날 때 그들의 육체가 머무는 곳이다. 내 경험에서 '지하실'은 집중치료실 10호였고, 내 자아가 관문을 지나 중심 근원으로 여행을 떠나 있는 동안 나는 가족과 친지에게 둘러싸인 채 꼼짝 않고 누워 있었다.

샤먼들은 자신이 무아지경에 빠져 영혼이 육체를 이탈하고 사후 세계 혹은 지하 세계로 여행을 떠날 때 가족과 친구를 불러 모으곤 했다. 나 역시 두 아들 본드와 이븐 4세, 전처 홀리, 어머니 베티 그리고 여동생 진, 벳시, 필리스가 곁에 모였고, 그들은 내가 여행을 끝낼 때까지 불침번을 섰다.

내 상처는 아기였을 때 버림받고 입양되는 과정에서 얻은 것으로, 잠재의식 속에서 내가 사랑받을 자격이 없는 사람인 것 같은 기분과 평생 동안 싸워왔다. 임사 체험을 통해 내 수호천사는 – 수많은 유체 이탈 여행자들이 너무도 잘 알고 있는 – 아무 조건 없는 최고의 사랑을 주었다.

내 이야기는 참으로 극적이었다. 그러나 의식이 돌아온 이후, 나는 이런 일들이 수많은 사람에게 항상 일어나고 있음을 알았다. 이것이 바로 캠벨이 자신의 저서에 그런 제목을 붙인 이유이다. 그가 지적했듯 우리는 모두 주인공(영웅)이다. 그리고 우리는 모두 그와 비슷한 여행을 한다. 내가 지칠 줄 모르고 내 이야기를 하며 여행을 다니고(《나는 천국을 보았다》를 출간한 이후 나는 문자 그대로 쉬지 않고 그렇게 해왔다), 사람들이 지칠 줄 모르고 내 이야기를 듣는 가장 큰 이유가 바로 이것이다. 이야기를 할수록 이야기가 내게 힘을 주며, 내 이야기를 듣는 사람들의 눈빛 속에서 내 이야기의 울림을 볼수록 기쁨과 감사도 그만큼 커진다.

여러 입교 시나리오에는 탐욕스러운 괴물과 맞서는 영웅이 등장한다. 내가 앓았던 병 그리고 이본이 자신의 초능력을 깨달은 계기가 된 병인 뇌수막염은 신화나 전설에서 입교 의식을 치르는 영웅이 종종 맞닥뜨리곤 했던 불을 뿜는 용이나 사람 잡아먹는 괴물과 똑같은 것이다. 박테리아성 뇌수막염은 실제로 사람을 잡아먹는다. 얼음장처럼 차가운 호수에서 이본이 겪은 시련은 물에 잠기는 것으로 시작하는 수많은 입교 의식을 연상시킨다. 내 이야기도 실제로 물에 잠기는 것으로 시작했다. 비록 전혀 다른 종류의 물이지만 말이다. 《나는 천국을 보았다》는 어느 월요일 아침, 내가 척추에 끔찍한 통증을 느끼며 침대에서 일어나 통증을 가라앉힐 생각으로 욕조에 들어가는 이야기로 시작한다.

물은 부활(거듭남)의 중요한 상징이다. 고대 신비 종교의 의식에는 종종 물에 들어가는 과정이 포함되어 있다. 세례baptism는 그리스어 밥티스모스baptismos에서 유래한 말로, 몸을 물에 담그거나 씻는 의식을 뜻한다. 세례는 지상의 여행에서 쌓인 '때'를 씻어내고 본래 우리가 지니고 있던 천상의 본성을 회복하는 의식이었고, 지금도 그렇다. 그 당시 내가 이런 생각을 한 것은 아니다. 그때 나는 극심한 허리 통증을 느꼈고, 병원에 거의 지각할 상황이었으며, 어떻게든 하루를 버티고 싶었다.

욕조에서 나온 뒤, 나는 붉은색 욕실 가운을 걸치고(훗날 어느 독자가 초기 기독교의 세례 의식에서 붉은색 가운이 중요한 의미를 지녔다고 알려주었다), 내가 '아기 걸음'이라고 표현한 걸음으로 침대로 돌아갔다. 이 책과 《나는 천국을 보았다》의 집필에 참여해준 프톨레미는 그 대목을 반복해 읽으며 '아기 걸음'이라는 단어를 계속 뺐고, 나는 그 단어를 계속 집어넣었다. 프톨레미는 훗날 그 단어를 집어넣는 것이 옳았다고 말했다. 나보다 앞선 입교자들과 마찬가지로 나는 고향으로 여행을 떠나기 전 먼저 '어린아이'가 되었다. 비록 의식적으로 알고 있었다고 말할 수 없지만, 어느 정도는 그 사실을 알고 있었다.

여느 이야기 속에 등장하는 여러 장소와 마찬가지로, 신화적 상징은 내 이야기 속에 그냥…… **있었다.** 내가 미리 알고 준비한 게 결코 아니었다. 내 이야기 속에 – 우리 삶의 모든 영역에서 그런 것처럼 – 의미가 깃들어 있다. 들여다보면 찾을 수 있으며, 굳이 의미를 부여할 필요조차 없다.

알렉산더 박사님

2007년 11월 10일, 저는 텍사스 라그랜지에서 거대한 뱀한테 물렸습니다. 저는 비행기로 70마일을 날아가서 여섯 통의 혈액을 수혈받고 열여덟 대의 항사독소抗蛇毒素 주사를 맞았습니다. 오스틴의 응급실에서는 제가 살지 못할 거라고 확신했습니다. 이틀 동안 중환자실에 있었지만 처음 열두 시간은 의식이 없었습니다. 선생님처럼 자세하게 기억하지는 못하지만, 저는 아버지와 이야기를 나누었다고 확신합니다. 당시 아버지는 알츠하이머의 마지막 단계에 접어들고 있었지요.

그로부터 두 달 뒤 세상을 떠났지만, 돌아가시기 이틀 전 제가 아버지를 찾아갔을 때 깜짝 놀랄 만한 일이 일어났습니다. 우리가 일어날 채비를 하는데, 몇 달에 걸쳐 거의 반응이 없고 우리를 알아보지도 못했던 아버지가 제 손을 잡고 눈을 크게 뜨고는 마치 "괜찮을 거다. 그만 가봐라"라고 말하듯 저를 쳐다보는 것이었습니다.

아버지가 돌아가신 후에도, 당시 곁에 있었던 제 아내를 제외하면 그 일을 아무에게도 말하지 않았습니다. 아버지와 제가 어떤 식으로든 무의식중에 서로 소통했다고 생각해왔는데, 박사님의 책을 읽고 나서 확신하게 되었습니다. 그 경험 이후 저는 저 자신의 죽음을 포함해 죽음에 대한 생각이 바뀌었습니다. 말하자면, 죽음은 결코 두려운 게 아니라는 생각이 들었고, 제가 천하무적이 된 듯한 기분이 들었습니다. 자살 충동을 말하는 게 아니라, 죽음을 편안하게 여기게끔 되었다는 뜻입니다. 죽음을 두려워하기보다 포용한다고 해야 할까요. 제 가족 모두가 그랬듯 항상 하느님을 믿어왔지만, 하느님과 교감했다는 기분이 들었는데, 어떻게 그런 일이 일어났는지는 지금도 여전히 이해할 수 없습니다. 제가 혼수상태였을 때 무슨 일이 일어났는지 아직 완벽하게 이해하지는 못하지만, 점점 더 꿈이 아니었다는 생각이 듭니다. 박사님의 훌륭한 책에 감사드리고, 박사님의 메시지를 최대한 많은 사람에게 성공적으로 전파하시길 바랍니다.

토머스 뮬러

아프리카의 도곤Dogon족은 '상징'을 뜻하는 재미있는 말을 갖고 있는데, 바로 '좀 더 낮은 이 세계의 말'이다. 물질세계는 안팎으로 속속들이 상징적이다. 항상 우리에게 말을 걸어보려 하고, 그 뒤에 그리고 그 위에 무엇이 있는지 일깨워주려 한다. 우리는 책을 읽거나 영화를 볼 때 그 속에 숨어 있는 의미가 있을 거라고 기대한다. 그러나 우리 삶은 그 자체로 상징적이다. 의미는 우리가 삶에 부여하는 것이 아니다. 이미 그곳에 있다.

이것이 바로 내가 심리학자 카를 융이 말한 동시성synchronicity 개념에 점점 더 흥미를 느끼는 이유이다. 동시성이란 겉보기에 무작위적이고 의미 없어 보이는 사건들이 때로는 너무도 분명하게 무작위가 아닌 이상한 방식으로 일어난다는 원리이다. 우리 모두 동시성을 경험한다. 단지 우연이 아닌, 실제로 어떤 의미를 부르짖는 사건들의 결합이다. 융은 이러한 사건들이 너무도 분명한 실제이므로 과학적 관심이 필요하다고 보았다. 그의 연구 대부분이 상당히 물질 중심적이던 20세기에 이루어졌음을 감안할 때 놀라운 통찰이 아닐 수 없다. 그리고 참으로 충격적인 일이었다.

그의 동료 과학자들에게 '의미'라는 단어는 비과학적인 것은 물론이고 노골적으로 과학을 부정하는 것이었다. 과학에서는 의미를 하나의 환상이자 투사라고 말한다. 우리가 머릿속에서 의미를 조작해 세상에 던지는 거라고. 어디든 달라붙기를 바라면서 말이다. 의미를 하나의 실제로 포용한다는 것은 그토록 길고 고된 시간 동안 과학이 우리를 끌어내려 애썼던 끝없는 무지와 미신의 나락 속으로 도로 우리를 밀어 넣는 것이나 마찬가지였다. 철학자나 시인은 사물의 의미를 물을 수 있었지만 과학자는 그럴 수 없었고, 융은 그 사실을 너무도 잘 알고 있었다. 그러나 그는 앞으로 나아갔고 어떤 식으로든 그 의미를 물었다.

융의 삶에서 나타난 가장 잘 알려진 동시성 사건은 그가 자신의 환자 한 명을 상담할 때 일어났다. 환자는 꿈에서 이집트의 딱정벌레를 조각한 황금 스카라브*를 받았다는 이야기를 하고 있었다. 융은 이렇게 기록했다.

> 그녀가 내게 꿈 이야기를 할 때, 나는 닫힌 창문에 등을 대고 앉아 있었다. 문득 내 뒤쪽에서 소리가 들렸다. 살짝 두드리는 것 같은 소리였다. 뒤돌아보니 곤충 한 마리가 밖에서 창틀을 두드리고 있었다. 나는 창문을 열고 날아 들어오는 곤충을 잡았다.**

예리한 자연 관찰자였던 융은 딱정벌레를 바로 알아보았다.

우리 시대에 흔히 볼 수 있는, 황금풍뎅이에 가장 근접한 생물인 풍뎅

---

* 고대 이집트에서 생명의 상징으로 여기며 신성시하던 풍뎅이 모양의 디자인.
** 카를 융, 《동시성 Synchronicity》.

잇과의 딱정벌레, 즉 로즈 셰이퍼(세토니아 아우라타 Cetonia Aurata)였다. 딱정벌레는 평상시의 습관에서 벗어나 하필 그 순간 어두운 방 안으로 들어오고 싶은 충동을 느꼈던 것이다.[*]

 오늘날 전 세계 사람들은 거대한 것부터 사소한 것에 이르기까지 단 하나의 메시지가 담긴 체험을 하고 있다. 바로 이 세계에는 의미가 있다는 메시지이다. 우리가 어디에 있건 더 높은 세계가 우리에게 말을 걸고 있다. 우리가 할 일은 그저 귀 기울이는 것뿐이다.
 나와 마찬가지로 새 입교자들은 종교 간의, 종교와 과학 간의, 믿음과 불신 간의 모든 논쟁을 초월한 미스터리에 눈을 떴다. 우리는 내면의 깊은 상처(우리가 지니고 있다는 것조차 알지 못했던)를 치유한 사람들이 되었다. 플라톤의 정신과 아리스토텔레스의 정신이 우리 마음속에서 조화를 이루고 있다. 그 결과 우리는 새로운 세계에 살게 되었다.

 알렉산더 박사님

 먼저, 제가 지금껏 한 번도 작가에게 편지를 써본 적이 없는 사람임을 밝히는 것으로 이 글을 시작할까 합니다. 2013년 10월 21일, 스물

---

[*] 카를 융. 《동시성》.

다섯 살 된 제 아들이 장염 혹은 식중독으로 보이는 증세로 입원을 했습니다. 아들의 증세는 급격히 악화됐고 곧바로 중환자실로 옮겼습니다. 그리고 우리는 아들이 장기 기능을 하나씩 잃어가는 과정을 지켜보았습니다. 간이 항생제를 받아들이지 못했고…… 신장 기능이 점점 나빠졌고…… 췌장은 제대로 기능하지 않았습니다. 울혈성 심부전증이 있었고, 그로 인해 폐에 물이 찼습니다. 마지막으로 심장이 심방세동* 상태로 접어들었습니다. 당뇨 혼수가 우려되는 상황이어서 정맥주사로 포도당을 투입할 수도 없었습니다. 아들은 열한 개의 링거액을 꽂고 있었는데, 그중 어떤 것에도 반응을 보이지 않았습니다. 우린 그 아이가 잠을 많이 잔다고 생각했지요. 손발이 – 선생님이 책에서 말씀하신 것처럼 – 안으로 굽은 상태였는데도, 병원에서는 아들이 혼수상태라고 말해주지 않았습니다.

그러다가 병원에서 목사와 통증 치료사, 말기 환자 전문 간병인을 불렀습니다. 그리고 장례업자 안내 책자를 주고는 이제 병원에서 할 수 있는 일이 없다고 말했습니다. 수액이 떨어지면 더 이상 채우지 않을 거라고 했죠. 우리는 병원에서 식염수만 남기고 수액 주머니를 하나씩 제거해나가는 것을 지켜봐야 했습니다. 그런데 주머니를 하나씩 제거할 때마다 우리 아이의 장기가 기능을 회복하기 시작했습니다. 의사들은 그저 고개만 저을 뿐이었죠. 그들 중 한 명은 이건 자신들의

---

* 심방이 1분간 300~600의 빈도頻度로 불규칙한 수축을 반복하는 부정맥 증세.

능력으로 할 수 있는 일이 아니라고 말했습니다. 우리는 번갈아 아들 곁을 지켰고, 한순간도 혼자 두지 않았습니다. 중환자실에서 있는 9일 동안도 그랬고, 병원에 머물던 20일 내내 그렇게 했지요. 아들은 일반 병실로 옮겼다가 다시 재활 병동으로 갔습니다. 11월 4일, 아들의 심장은 스스로 심장박동을 회복했습니다.

아들은 매혹적이고 환한 모습이었습니다. 재활 병동에 있는 동안 아들이 생일을 맞았습니다. 간호사 중 한 명이 《나는 천국을 보았다》 한 권을 사서 아들에게 주더군요. 며칠 뒤 아들과 이야기를 나누던 중 제가 "한 소절 읽어줄까?" 하고 물었지요. 아들이 좋다고 하더군요. 한참 책을 읽던 중 아들의 표정을 보았더니, 건장한 198cm의 아들이 눈물을 흘리고 있는 것이 아니겠어요. 저는 아들에게 책 내용이 불편하느냐고, 그만 읽는 게 좋겠냐고 물었습니다. 아들은 아니라고, 몇 페이지를 더 읽어달라고 했습니다.

그날 밤 잠자리에 들 준비를 할 때 아들이 나지막하게 얘기하더군요. "중환자실에서 하느님과 이야기를 나누었어요. 하느님이 저에게 여기 머물고 싶은지 이제 그만 집으로 돌아가고 싶은지 물었어요. 저는 집으로 돌아가고 싶다고 했어요. 천국에 갔다 왔다고 생각한 사람들이 또 있는 줄은 몰랐어요. 우린 천국의 문 옆에 있었는데, 그 문 너머에는 녹음이 우거져 있었어요. 나중에 더 얘기해드릴게요."

재미있는 것은 그로부터 며칠 뒤 제가 간호사에게 언제 그 책을 읽었느냐고 물었더니, 자기는 그 책을 읽은 적이 없다는 거예요. 그러면서 어떤 사람이 우리에게 그 책을 사주면 좋겠다고 해서, 자기가 특별히 주문했다고 하더군요.

아들은 2013년 11월 19일에 퇴원했습니다. 선생님의 책 덕분에 제 아들은 자신에게 일어난 일을 이해할 수 있었습니다.

우리는 계속 책을 읽었습니다. 마침내 집으로 돌아가는 대목까지 읽었죠. 1~2주 내로 다시 읽겠다고 했어요. 아들은 그 책을 읽고 싶어 했어요. 하지만 우리는 함께 책을 끝까지 읽지 못했습니다. 아들은 집에서 6주를 보내는 동안 자신의 경험에 대해 우리에게 얘기하지 않았습니다. 그리고 2014년 1월 4일 H1N1신종 인플루엔자로 세상을 떠났지요. 그 책을 써주셔서 정말 감사합니다. 우리 모두에게 큰 도움이 되었습니다. 아들이 세상을 떠났을 때 저는 아들이 천국의 문으로 들어가 하느님과 다시 이야기를 나누었을 거라고 생각했습니다.

클레어

1991년 12월, 샌프란시스코의 유명한 심리학자 엘리자베스 로이드 메이어는 곤경에 처했다. 딸의 소중한 하프를 콘서트장에서 도난당한 것이다. 그녀는 두 달에 걸쳐 온갖 방법을 동원해 하프를 되찾으려 애썼다. 그녀의 저서 《특별한 깨달음Extraordinary Knowing》에 따르면, 친구 중 한 명이 만약 하프를 되찾기 위해 무슨 짓이라도 할 생각이 있다면 지팡이 점술가를 고용해보라고 조언했다. 캘리포니아

대학과 버클리대학의 심리학과 교수이던 메이어에게 그것은 미지의 영역이었다. "지팡이 점술가에 대해 내가 아는 게 있다면, 끝이 갈라진 막대기 같은 걸로 지하를 탐지하는 이상한 사람들이란 것 정도였다"라고 그녀는 썼다.

메이어는 자신이 잃어버린 물건의 소재를 낯선 사람이 찾아내는 건 환상이라고 생각했다. 그것은 심리학자로서 자신이 살아왔고 또한 자신의 재능을 성공적으로 발휘해온 세계의 모든 논리적 법칙을 위반하는 행위였다. 하지만 그러면서도 한편으로는 너무나 간절히 하프를 되찾고 싶었다. 자신의 의심을 최대한 숨긴 채 메이어는 친구가 소개해준 아칸소의 유명한 지팡이 점술가에게 연락했다.

"잠깐만 기다리세요. 아직 오클랜드에 있는지 알려드릴 테니." 점술가는 이렇게 말하더니 하프가 아직 오클랜드에 있다고 했다. 그러고는 거리 지도를 사용해 정확히 어느 집에 하프가 있는지 짚어주었다. 메이어는 자신이 입수한 정보를 갖고 어떻게 움직여야 할지 난감했다. 딸의 하프가 그곳에 있다는 점술가 말만 듣고 무턱대고 그 집으로 가서 문을 두드릴 수는 없는 노릇이었다. 그런데 묘안이 떠올랐다. 그녀는 하프를 분실했다는 내용의 전단지를 만들어 그 집을 중심으로 두 블록 반경에 뿌렸다.

사흘 뒤, 전화벨이 울렸다. 전화를 건 사람은 전단지를 보았다면서 자기 이웃집에 그 하프가 있다고 말했다. 몇 번의 통화 후 약속이 잡혔고, 마침내 메이어는 하프를 되찾았다.

다시 찾은 하프를 자동차 뒷좌석에 싣고 돌아오면서 메이어는 세 단어의 깨달음을 얻었다.

"이제 다 뒤집혔어!"

이 일화는 과학의 세계에 살고 있는 수많은 사람이 이 세계의 본질에 대한 관점이 바뀌는 경위를 보여준다. 우리는 종종 새로운 경험을 기존 방식으로 설명해야만 하는 상황에 처하곤 한다. 기존의 설명이 통하지 않을 때, 우리가 알고 있는 이 세계의 모습이 어쩌면 실제 모습이 아닐 수도 있다는 가능성을 마지못해 고려하게 된다. 결국 우리는 이 세계를 이해하기 위한 새로운 방식, 기존의 방식보다 더 나은 대답을 제공해주는 방식을 탐색한다.

전에도 이런 세계관이 존재한다는 걸 알았을 수도 있다. 그러나 그런 사고는 한심하다고 생각했다. 어쩌면 여전히 그것을 한심하다고 생각할 수도 있다. 그러나 우리는 하프를 되찾고 싶었다. 그래서 위험을 감수했다. 용기를 내어 우리가 사는 세상이 어떤 모습인지에 대한 전혀 새롭고, 급진적으로 다른 생각의 가능성에 눈을 돌려보았다.

메이어 박사 같은 사람들의 경우 이런 경험을 통해 얻은 성과는 그 어떤 하프보다도 훨씬 크고 훨씬 중요하다. 그들은 **자기 자신**을 되찾았다. 또한 과거의 여러 문화권에서 던졌던 세 가지 질문에 대해 지금껏 상상한 것과 전혀 다른 대답이 있을지도 모른다는 사실을 깨달았다.

메이어 박사의 일화는 이러한 관점의 변화를 위해 반드시 임사 체험 같은 극적 경험을 할 필요는 없음을 보여준다. 그러나 이런 극적 경험을 이미 한 사람들은 그 이야기를 퍼뜨리고, 우리가 갔던 곳과 보았던 것을 이야기하고, 우리가 지닌 모든 능력을 동원해 그 메시지를 이 세상에서 되살리고 번역할 의무가 있다고 생각한다.

이본과 메이어도 나처럼 의학박사였고, 두 사람 모두 발길질을 하고 비명을 지르면서 의미가 실제 현실인 새로운 세계 속으로 끌려 들어갔다. 둘 다 성공한 사람이다. 그들은 과학계의 고위 입교자로 여기는 의사가 되었고, 영적 세계의 언어인 의미가 실제 현실임을 받아들이길 두려워하지 않았다. 또 다른 세계는 우리에게 말을 걸어 보려 애쓰고 있으며, 우리가 귀를 기울일수록 우리는 더 이해할 것이다. 과학과 정신이라는 두 흐름은 서로 싸운다기보다는 마치 거의 모든 의사의 진료실에 걸려 있는 성스러운 지팡이 카두케우스[*]를 휘감고 있는 두 마리 뱀처럼 이러한 의사들 틈에 칭칭 감겨 있다.

알렉산더 박사님

제 아내 로레인은 결혼 21년째 되는 2013년 7월 24일 세상을 떠났습

---

[*] 그리스 로마 신화에 등장하는 신들의 전령 헤르메스(혹은 머큐리)가 들고 다닌 지팡이. 평화·의술의 상징이며 미 육군 의무대의 휘장.

니다. 로레인은 레이키 요법*을 시행한 알링턴 형이상학 교회의 신자로서 평생 지극히 영적인 삶을 살았습니다. 로레인은 힘겨운 시기에 미국 원주민을 자신의 '안내자'로 삼아 의지하기도 했습니다. 로레인이 떠나고 나서 저는 새집으로 이사하기 위해 짐 정리를 해야만 하는 힘겨운 상황에 처했습니다. 마음을 진정시키려고 베란다에 앉아 있곤 했는데, 이게 웬일입니까. 왕나비 한 마리가 제가 앉은 자리에서 3m 정도 떨어져 맴돌고 있는 것이 아니겠습니까. 다른 나비는 하나도 보이지 않아 조금 이상하다는 생각이 들었습니다. 14년째 그곳에서 살았기 때문에 근방의 나비들이 주로 무리를 지어 나타난다는 것을 알고 있었거든요. 그런데 이 나비는 친구가 없었습니다. 제가 외출하려고 차고 문을 열 때면 똑같은 나비가 나타나곤 했습니다. 어떻게 받아들여야 할지 알 수 없더군요. 그러면서도 저는 차를 후진할 때마다 나비가 '로드 킬'당하지 않도록 조심했습니다.

어쩌면 로레인이 나비가 되어 돌아왔을지도 모른다는 생각이 들었지만 좀 더 확신이 필요했습니다. 저는 영적 세계에 관해서라면 회의적인 사람이었습니다.

……그 사건은 제 믿음과 마음의 평화를 되찾는 여정의 시작인 셈이었죠.

로레인이 세상을 떠났을 때, 저는 사체를 필요로 하는 의학 연구소에

---

* 환자에게 에너지를 주입해 회복과 건강을 증진하는 기氣 치료.

아내의 시신을 기증하기로 결심했습니다. 일정한 시간이 지나면 로레인은 화장되어 유해로 제게 돌아올 예정이었지요. 로레인의 마지막 소원은 자신의 영혼이 '안내자'를 만날 수 있도록 나무 옆에 묻히는 것이었습니다. 저는 적절한 시기에 그 일을 치를 생각이었습니다.

이삿짐을 꾸리면서 로레인의 보석과 장신구를 정리했습니다. 보석 상자의 서랍을 열 때마다 나비 형상의 물건들이 계속 나오더군요. 로레인이 나비를 좋아했다는 건 알고 있었는데 그것 말고도 요정, 디킨스 빌리지* 건물과 다양한 캐릭터, 도자기로 만든 소 그리고 무엇보다 집 안 곳곳에 진열해놓은 100여 개의 인형 수집품이 있었지요. 그런데 기억해야 할 점은 짐을 싸는 내내 왕나비 한 마리가 제가 밖으로 나오기를 기다리고 있었다는 겁니다.

타운 하우스에 짐을 풀고 나서야 로레인의 유해를 받았습니다. 소포 상자를 열고 나비 모양 리본으로 묶은 4×6인치 크기의 상자를 꺼냈습니다. 거의 무게가 없더군요. 아이러니하게도 로레인의 유해를 담은 상자를 꺼내는 순간, 노래 한 곡이 떠올랐습니다. 바로 페기 리의 노래 〈이게 당신이 남긴 것 전부인가요?Is That All There Is?〉였지요. 저는 유해 상자를 서재 책장에 올려놓고 아내의 마지막 소원을 어떻게 이루어줄지 생각했습니다. 유해를 받은 지 2주 정도 지난 뒤에야 어떻게

● 찰스 디킨스의 소설 《크리스마스 캐럴A Christmas Carol》에 등장하는 마을을 재현해 소품으로 만든 공예품.

할지 계획이 섰습니다.

제 친구 노먼에게 전화해서 메릴랜드 사우스 마운틴 산자락에 자리 잡은 그의 딸 소유의 13에이커 숲에 로레인의 마지막 안식처를 만들어주어도 되겠느냐고 물었습니다. 그리고 노먼과 함께 로레인을 그 작은 천국으로 데려가 편히 잠들게 할 수 있는 튼튼한 나무 한 그루를 찾기로 했습니다.

어느 날, 마침내 숲에 도착해서 알맞은 나무를 찾고 있는데, 우리가 서 있는 장소에서 그리 멀지 않은 곳에 왕나비 한 마리가 맴돌고 있는 것이 아니겠습니까. 예전에 살던 집 베란다에서 본 것처럼 딱 한 마리뿐이었습니다. 이윽고 우리는 적절한 나무를 찾았고, 노먼이 로레인의 유해를 묻을 정도의 구덩이를 나무 밑에 팠습니다. 저는 상자의 리본 매듭을 풀고 열어보았습니다. 그 안에는 제 사랑하는 아내이자 영혼의 짝이었던 여자의 유해가 비닐봉지에 담겨 있었지요. 저는 비닐봉지 매듭을 풀고 로레인을 마지막 안식처에 뿌렸습니다. 그 시간 내내 왕나비는 처음과 똑같은 자리에 머물러 있었습니다. 저는 그제야 로레인이 나비 모습으로 그곳에 있었다는 강한 믿음이 생겼습니다.

제가 좀 더 확신을 갖도록 마침표를 찍어준 결정적 사건은 바로 그 뒤에 일어났습니다.

어제 저는 노먼에게 전화해서 그 숲으로 가보고 싶다고 했습니다. 어제가 로레인을 묻은 지 열흘 되는 날이었지요. 그곳에 가서 숲을 둘러보고 있는데, 우리 주위를 홀로 맴돌고 있는 게 있었습니다. 맞습니다! 제대로 짚으셨어요. 한 달 전 제 삶으로 들어온 바로 그 왕나비였습니다. 제 글을 믿고 안 믿고는 선생님 몫입니다. 왕나비는 어디서나 볼 수 있는 흔한 나비라고 말할 수도 있겠지만, 제가 본 것은 딱 한 마리였다는 사실을 기억해주시기 바랍니다.

돈 엔틀리크

만약 당신의 남편이 죽었다면, 그리고 남편이 생전에 홍관조를 사랑했다면, 그런데 남편의 기일에 묘지에 갔는데 홍관조 한 마리가 묘비에 앉아 있다면 하나의 징조로 받아들여도 좋다. 당신의 마음속 목소리가 "홍관조가 그 자리에 있는 것은 단지 우연일 뿐"이라고 말하도록 용납하지 말기를. 당신이 우연이라는 말을 이해하지 못한다면 그렇게 말하지 말기를. 우연이라는 것은 하나의 장소를 점령하는 두 가지를 의미하고, 좀 더 심오하고 좀 더 훌륭한 용어로 말하자면 바로 **동시성**이다.

내 대학 시절에 유행했던 록 그룹 '크로스비, 스틸스 앤드 내시 Crosby, Stills and Nash'의 노래 중에 이런 가사가 있다. "만약 당신이 내게 웃어준다면 난 이해할 거예요. 왜냐하면 그건 누구나, 어디에서나 같은 언어로 통하는 말이니까요." 이 우주는 하나의 언어로 말하고 있으며, 그건 바로 의미의 언어이다. 의미는 우주의 모든 단계 속에 스며 있고, 심지어 우리가 사는 세계에도 스며 있지만 이 세계에서 가장 보기가 힘들다. 그것이 바로 현대사회를 살아가는 사람들의 가장 큰 불만이다. 이 세계에는 의미가 없다는 것이다. 그 이면을 조금만 파고들어 보면 이 세상은 의미 그 자체인데도 말이다.

제 3 장

통찰이라는 선물

계시가 없으면 백성은 방자해진다.
– 잠언 29장 18절

플라톤은 이 단어를 사용하지 않았지만, 나는 지금 우리가 처한 상황을 그가 현대 영어의 혼탁 murky 이라는 단어로 표현했을 것 같다. 이 단어는 '어둠'을 뜻하는 고대 영어 미르크 myrk 에서 온 말이다. 그러나 이 단어에는 일면 흙, 진흙투성이라는 느낌도 강하게 들어 있다. 그도 그럴 것이 지상에 있는 동안 우리가 싸우는 어둠이 정확히 그런 종류의 어둠이기 때문이다.

바울은 고린도 전서에서 자신의 가장 유명한 개념을 설파한다. 그는 우리가 "거울•을 통해 보듯이 흐릿하게" 보고 있다고 말한다. 고대 현자들에 의하면 지상 세계는 앞이 잘 보이지 않는 곳이다. 그러

The MAP
of
HEAVEN

나 지상 세계를 그토록 흐릿하게 만드는 시력은 육체의 시력이 아니다. 그것은 물질세계에서 육체의 시력이 우리가 있는 곳을 보여주듯, 영적 세계에서 우리가 있는 곳을 보여주는 영적 시력이다.

200여 년 전, 현대의 과학적 세계관이 무르익어 갈 때 시인 윌리엄 블레이크는 이 세계의 영적 측면을 직시하고 인정하기를 거부하는 과학계의 일면에 이름을 붙였다. 요컨대 그러한 거부 행태와 그와 함께 부상한 철학을 '단일 시각'이라고 불렀다.

> 지금 나 이중의 시각이 본다…….
> 신이 부디 우리를
> 단일 시각, 뉴턴의 잠으로부터 지켜주시기를.

여기서 블레이크가 말하는 '뉴턴'은 수학자이자 물리학자이며, 만유인력의 법칙을 확립한 아이작 뉴턴 경이다. 뉴턴은 역사상 **가장** 위대한 과학자 중 한 명이다. 어쩌면 가장 위대한 과학자인지도 모르겠다. 그러나 엄청난 업적을 이루었음에도 그는 한 가지 실수를 저질렀다. 르네 데카르트의 다음 글과 같은 맥락에서 뉴턴은 이 세상을 '내면'과 '외부'로 나누었고, 오직 외부 세계만이 실제 현실이

• 고대의 거울은 주로 금속이나 청동에 광을 내서 만들었다. 그래서 현대의 거울처럼 선명하게 보이지 않기에 여기서는 혼탁한 이미지를 이렇게 표현한 듯하다.

라고 말했다.

나는 육체의 핵심 본질에 속한 것들은 ─ 다양한 형태와 다양한 움직임
의 가능성은 허용할지언정 ─ 그 어떤 것도 길이와 너비, 깊이를 지니
지 않을 수 없음을 확인했다. 또 그 형태와 움직임은 단지 방식일 뿐
어떤 힘으로도 육체와 별개로 존재할 수 없으며, 색깔·향기·맛과 같
은 나머지 것들은 오직 내 생각 속에서만 존재할 뿐, 고통이 그 고통
을 가하는 도구의 형태나 움직임과 다를 수 없는 것처럼 인간의 생각
역시 육체와 다를 수 없는 것임을 발견했다.

과학이 외부 물질세계의 모든 것을 측정할 수 있게 되면서, 뉴턴
과 동시대에 살았던 과학자들은 자신들이 알아야 할 모든 것을 습득
했다고 믿었다. 그들은 이 과정에서 의식을 배제했다. 왜 포함시키
겠는가? 찾을 수조차 없는데. 찾아서 측정할 수도 없고, 무게를 달
아볼 수도 없는데. 그러니 실제가 아닌 것이 분명했다.

우리가 살고 있는 세상은 여전히 데카르트가 확립한 물질(외부
세계)과 마음(내면 세계)이라는 낡은 구분을 토대로 정립되어 있다.
심리학자 로렌스 르샨은 저서 《초자연의 신과학 A New Science of the
Paranormal》에서 이렇게 말한다. "좋건 싫건 이것이 과학의 문화다.
우리는 종교 지도자, 전문가, 정치인의 이야기를 듣지만 정작 진실
을 말하는 사람은 과학자라고 믿는다."

르샨은 만약 과학이 – 나는 결국엔 그렇게 될 수밖에 없다고 생각 하지만 – 영적 세계를 진지하게 받아들이기 시작하면 어떤 일이 벌 어질지 묻는다.

간단히 말해서, 인간에게는 감각에 의해 드러나는 것 이상의 무언가 가 있으며, 우리가 영원히 우리의 피부 속에 갇혀 있는 게 아니라는 건 일종의 상식이다. 그것은 우리가 "다들 아시다시피"라고 말하는 그런 종류의 상식이다. 그러나 이러한 사실은 그동안 실제로 우리 피 부에 와 닿지 않았다. 그러한 사실이 우리의 일상적 감각 세계에 위협 이 되지 않으며, 우리 삶의 벽들은 무너져 내리지 않는다. 나는 전처 럼 일을 보러 다닌다. 내가 기대고 있는 것이 분명한 이 책상 은 질량, 전하 그리고 그 속을 질주하는 속도의 영역을 지닌 텅 빈 공 간일 뿐이며, 베르너 하이젠베르크가 표현한 것처럼 특이성*들이 떠 도는 텅 빈 공간이라는 사실을 알고 난 뒤에도.

우리는 뉴턴의 잠에서 깨어날 것이다.

알렉산더 박사님

● 로렌스 르샨, 《초자연의 신과학 A New Science of the Paranormal》.

1999년 8월 19일, 제 아버지는 인근 병원의 호스피스 병동에 13일째 머물고 계셨습니다. 아버지는 여러 차례의 뇌졸중으로 일체 반응이 없는 상태였습니다. 의사들과 의논한 끝에 아버지를 '보내드리기로' 결정하기에 이르렀습니다.

마지막 며칠 동안 저와 형제들은 하루 종일 아버지 곁을 지켰습니다. 누군가가 항상 병실의 아버지 곁에 있었지요. 새벽 4시경 아버지의 호흡이 가빠졌고, 우리는 마지막을 예감했습니다. 그 순간이 더 빨리 올 거라 예상했지만, 아버지는 워낙 강한 분이셔서 결코 서두르지 않았습니다.

바닥의 작은 면적을 비추는 벽에 박힌 야간 등을 제외하면 병실은 칠흑처럼 어두웠습니다. 우리는 6층인가 7층에 있었기 때문에 거리의 불빛조차 새어 들어오지도 않았습니다.

아버지가 마지막 숨을 쉬었습니다. 손과 발은 이미 차가웠지요. 저는 아버지 침대에서 30cm 정도 떨어져 앉아 무릎 위에 팔꿈치를 올린 채 턱을 괴고 있었습니다. 아버지는 제 쪽을 바라보고 누운 상태였고, 제 머리는 아버지와 지척에 있었습니다. 제가 일어서서 기지개를 켜고 남동생과 여동생들을 부르려는 순간, 무언가가 제 눈을 사로잡았습니다. 아버지의 관자놀이에 먼지 한 점이 앉아 있었습니다. 그러나 이내 이런 생각이 들더군요. 내가 이 먼지를 어떻게 볼 수 있지? 병실 안은 거의 암흑이었는데, 그래도 그게 보였습니다. 어떻게 빛이 날 수 있었을까요? 아버지의 머리를 비추는 불빛이 있는지 주위를 둘러보았지만 아무것도 없었습니다.

저는 잠시 눈을 감고 손가락으로 눈두덩을 문질렀습니다. 그런데도 그 먼지는 여전히 그곳에 있었고, 여전히 눈에 보였습니다. 금방이라도 날아갈 것 같아 조금 가까이 다가갔지만 날아가지 않았습니다. 그런데 그걸 바라보고 있는 동안 아버지 머리 옆으로 무언가가 빠져나가는 것이 아니겠습니까! 저는 눈을 크게 뜨고 심호흡을 하며 눈앞에서 펼쳐지는 광경을 이해하려 애썼습니다.

0.5cm보다도 작은 조그만 구체球體가 아주 천천히 아버지의 관자놀이에서 피부 위로 떠오르기 시작했습니다. 양초의 불꽃 아래쪽 빛깔처럼 아주 아름답고 강렬한 푸른 빛깔이었습니다. 그 구체는 흰 광채를 발하고 있었습니다. 마치 7월 4일 독립기념일에 터뜨리는 폭죽을 연상시켰지만, 그 섬광은 슬로모션으로 빛을 발하는 것 같았습니다. 한 1분 정도 지났을까요. 구체 전체가 밖으로 빠져나와 아버지의 관자놀이 위에서 쉬는 것 같았습니다. 흰 섬광을 발산하는 작고 푸르스름한 구체였지요.

잠시 후 구체는 아버지의 몸 위로 60cm 정도 떠오르더니 몇 초 그 자리에 머물렀습니다. 그러더니 천천히 병실 서쪽으로 흘러가서(사실 흘러간다는 표현으로는 부족합니다. 특정한 방향으로 움직이는 것 같았으니까요) 결국에는 위로 떠올라 천장 속으로 사라졌습니다.

저는 의자에 가만히 앉아 구체가 사라진 자리를 쳐다보았습니다. 누군가가 무슨 말이든 해주길 바라며 뒤돌아보았지만, 아무도 입을 열지 않았습니다. 저는 여동생들에게 특정한 대답을 유도하는 질문을 하고 싶지 않아 이렇게만 물었습니다. "방금 무슨 일이 있었지?" 여동생이 말하더군요. "아버지 머리 옆에서 나온 불빛 말하는 거야?" 저는 순간 셰익스피어의 말이 옳다고 생각했습니다. "천지간에는 자네의 철학으로 상상하는 것보다 많은 것이 있다네."•

코네티컷주 허가넘에서 데이비드 팔머

"방금 무슨 일이 일어난 거지?"

"너, 그거 봤어?"

"내가 느낀 거 너도 느꼈어?"

데이비드 같은 상황에 처하면, 사랑하는 사람이 세상을 떠나고 단순히 물리적 현상이라고 볼 수 없는 설명 불가한 일을 목격하면 사람들은 이런 질문을 던지곤 한다. 과학적 방법은 하나의 현상을 한 사람 이상이 볼 것을 요구하고, 그 현상이 반복될 것을 요구한다. 그래서 데이비드의 이야기는 믿을 수 없을 정도로 흔하게 일어나는 일인데도 쉽게 비난의 대상이 되어버린다. 혹은 대다수 사람이 그렇게 생각한다.

노스캐롤라이나 더햄에 위치한 듀크대학 메디컬 센터에서 졸업

• 윌리엄 셰익스피어, 《햄릿Hamlet》.

학기를 보내던 시절, 나는 그다지 눈에 띄지 않는 초심리학협회(지금은 라인 연구 센터로 이름이 바뀌었다) 건물을 지나치곤 했다. 그 건물에서 어떤 연구를 하는지 당시 진지하게 생각해본 적이 없었다. 보나마나 각계각층에서 좋은 의도로 모인 친구들이 카드 무더기에서 한 장을 꺼내고 어떤 카드인지 맞혀보거나 그와 비슷한 다른 실험을 하고 있을 게 뻔했다.

라인 연구 센터에서는 실제로 그런 실험을 하고 있었다. 내가 몰랐던 것은 미국, 캐나다, 영국 등 여러 나라의 유명 대학 캠퍼스 내에 있는 작지만 이름 있는 연구소에서 행한 그런 실험, 즉 텔레파시, 예지 혹은 비국소적 의식 현상이 실제 현실이라는 제법 탄탄한 통계 자료를 구축해놓고 있었다는 사실이다.

그런데 이러한 발견으로 무엇을 이루었느냐고? 르샨이 지적했듯 거의 성과가 없다. 문제는 물질과학이 설명할 수 있는 범위를 넘어선 현상이 실제로 존재하는지 여부가 아니다. 그것은 분명 존재한다. 중요한 것은 이 사실을 우리가 뼛속 깊이 혈관 속에 흡수하는 것이다. 지금까지와 다른 모습으로 우리 자신을 변화시키는 것이다. 문제는 실제로 **변화하는 것**이다.

우리가 어떤 존재인지 우리는 늘 알고 있었다. 그 깨달음은 수면 위로 떠올랐다가, 도로 가라앉아 시야에서 사라졌다가, 일일이 꼽을 수도 없을 정도로 여러 곳에서 여러 차례 다시 떠오르곤 했다. 그러한 인간의 깨달음은 3,000여 년 전 구석기 시대로까지 거슬러 올라간다. 우리 선조들은 이미 사랑했던 사람을 태아의 자세로 묻으면서 꽃과 조개로 꾸몄다. 그들의 몸은 비록 땅에 묻혀 있지만 사후 세계에서 환생할 것을 상징하는 절차였다. 최근의 예로는 2014년 물리학자 존 스튜어트 벨이 – 시간과 공간은 그 자체로 환상이기 때문에 – 수백만 광년 떨어져 있는 한 쌍의 입자가 즉각적으로 서로 협력해 움직인다는 1964년 정리定理를 실험으로 확인했다.

우리는 항상 실제 현실인 우주 속에서 살아왔다. 그 사실은 변하지 않으며, 변하고 또 변한 건 우리 자신이다. 실제 우주에서 멀리 떠내려왔다가, 다시 돌아갔다가, 다시 떠내려온 사람들도 우리이다. 그러나 지금처럼 아주 오랫동안, 아주 멀리 떠내려간 적은 없다. 자연을 하나의 사물로 대할 때, 우리의 기호에 따라 조종할 수 있는 죽은 물체로 볼 때 초래되는 결과에 대해서는 우리 모두가 익히 알고 있다. 물리적 관점에서 우리의 행성이 곤경에 처했음을 우리는 알고 있다. 그러나 이 문제에 대한 해답이 물질적인 동시에 정신적인 것이어야 하며, 우리가 살아가는 방식을 바꾸어야 하는 것은 물론, 우리보다 앞서 살았던 사람들이 지혜롭게도 결코 시야에서 놓치지 않은 세 가지 거대한 질문에 대해 생각해보아야 한다는 것을 모두가 알고 있는 것은 아니다. 왜 그래야 하느냐고? 지상에서 행복하게 살 수 있는 유일한 방법은 천국을 인식하고 사는 것이기 때문이다. 천국을 모르는 삶은 완벽함에 대한 억압된 갈망의 노예가 되는 삶이고, 그 완벽함은 천국의 존재를 아는 것으로부터 얻을 수 있다. 바로 그러한 억압된 갈망이 오늘날 우리 행성의 훼손과 위험을 초래한 수많은 과잉으로 우리를 이끌었음을 깨닫기란 그리 어렵지 않다.

야생의 여우를 본 적 있는가? 노스캐롤라이나 토박이인 나는 수도 없이 여우를 보았다. 녀석들은 항상 아름답다. 그런 동물을 생각해보는 것이야말로 새로운 과학적 세계관을 지닌 뉴턴, 갈릴레오, 데카르트를 비롯한 16세기 과학자들이 우리에게 무엇을 남겨주었는지, 또 무엇을 빼앗아갔는지 이해하는 훌륭한 방법이다.

중세 시대 어느 농부가 한 마리 여우를 통해 무엇을 보았을지 상상해보라. 여우 한 마리가 그 자리에 있을 뿐이지만 그 여우와 그다지 상관없는 온갖 성서적, 신화적, 민속학적 연관성 또한 그 자리에 있다. 여우는 교활하고, 감각적이고, 정직하지 않고, 죄가 많고…… . 이 모든 건 여우와는 아무 관계 없는 인간의 해석이지만, 당시 자연을 《성경》이라는 색안경을 통해 바라보도록 훈련받은 사람이라면 여우를 그런 식으로 볼 수밖에 없었다.

16세기에 접어들어 독립적 영역을 구축한 과학은 그런 낡은 연관성과 획기적인 작별을 고했다. 과학 시대 개척자들은 여우가 교활하지도 감각적이지도 않고, 죄 많은 생명체도 아니라는 사실을 발견했다. 여우는 포유류에 속한 개과 동물로, 여러 지역에 분포하며, 임신기가 수주에 달한다. 여우는 더 이상 의인화한 죄 많은 악당이 아니었다.

아리스토텔레스는 이 세계에 대한 사고에서 논리를 사용했지만 과학적 방법은 채택하지 않았다. 그는 밖으로 나가 실험하지 않았다 (앞서 지적한 것처럼 현대 과학이 궁극적으로 채택한 과학 실험의 기초를 제공했다는 점에서 우리는 연금술사들에게 감사해야 한다). 과거에는 그 누구도 여우를 해부하고, 여우의 두개골 구조를 다른 육식동물의 두개골 구조와 비교하고, 여우의 심장과 간을 비롯한 내장 기관이 소나 거위 또는 인간의 것과 어떤 점이 다르고 같은지 알아보려 하지 않았다. 과학 혁명의 아버지들은 아리스토텔레스학파의 직접 관찰 정신에서 한 발짝 더 나아갔다. 그들은 단순히 세상을 바라보고 사고하는 것에 그치지 않고, 가장 작은 단위로 해부하기에 이르렀다.

엄청나게 실용적인 것은 말할 것도 없고, 이러한 용감하고 새로운 방식은 너무도 정직했다. 이 같은 접근 방식은 우리에게 말한다.

물질세계의 진실을 존중하라. 세계에, 그리고 세계에 존재하는 모든 것에 가상의 의미를 주입하는 가상의 교조적 종교 체계 속에서 길을 잃지 말라.

좋은 얘기이다. 그러나 우리는 그 이후 무슨 일이 일어났는지 알고 있다. 우린 너무 멀리 왔다. 현대 과학의 진보와 함께 여우 같은 동물을 연구할 수 있고, 복잡하고도 섬세한 방법으로 그 속을 들여다볼 수 있게 되면서 우리는 이 세상에 있는 모든 생물체를 잡아서 죽이고 해부하고 무엇보다 이용할 수 있는 대상이라는 태도를 갖게 되었다. 그리고 머지않아 여우는 이 세상의 다른 모든 것과 함께 물질적 가치로 인식되기 시작하더니, 결국엔 오직 물질적 가치로만 인식되었다. 여우는 닭을 비롯한 다른 쓸모 있는 가축의 포식자이고, 옷을 만들 수 있는 털의 보유자이며, 사냥꾼의 표적처럼 제한된 방식으로 쓸모 있는 존재이지만 그 이상은 특별할 게 없었다.

그러나 여우는 그보다 훨씬 더 큰 존재이다. 여우는 현재의 모습은 물질이지만 그 본질은 영적인 다차원적 존재이다.

우리와 마찬가지로!

사후에도 인간은 여전히 인간이다.*
– 에마누엘 스베덴보리(1688~1772), 스웨덴의 철학자

다차원적 관점을 회복하는 것, 다시 말해 여우를, 우리 자신을 영적 세계의 맥락에서 보는 것이야말로 새로운 관점의 본질이며, 그러한 과학과 영적 세계의 결합은 마침내 이루어지고 있다. 그러한 관점은 낡고 무겁고 교조적인 '종교적' 세계관이나 환원적이고 물질적이며 사물을 객관화하는 '과학적' 세계관이 아니다. 그것은 측정할 수 있고 과학적으로 연구할 수 있으면서도 오로지 물질적일 뿐인 끔

• 반 두센,《다른 세계들의 존재The Presence of Other Worlds》.

찍한 일차원적 관점 속에서 길을 잃지 않는 세계관이다.

이러한 현대의 흐름이 나타나기 이전에도 합리주의가 진정으로 유용하려면 새로 태어나야 한다고 믿었던 과학자들이 있었다. 18세기의 위대한 시인이자 현대 과학의 아버지 요한 볼프강 폰 괴테는 아마도 고대 신비 종교를 염두에 두고 다음과 같은 유명한 글을 남겼으리라.

죽어서 성장함을 알지 못하는 한
그대 단지 어두운 지상의
고달픈 길손에 지나지 않으리…….•

괴테는 이 구절을 통해 오늘날 현대 과학계에서조차 우리가 입교자가 되어야 함을 암시하고 있다. 우리 자신의 정체성과 우리가 어디에서 왔는지에 대한 깨달음의 입교 없이는 우리 모두 오갈 데 없이 방향을 잃고 만다. 이러한 깨달음 없는 눈먼 자들에게 이 세상은 암흑이다.

위대한 과학자이자 수학자 블레즈 파스칼은 1662년에 사망했는데, 그의 재킷 속에는 이런 글이 적힌 쪽지가 꿰매어 있었다.

• 요한 볼프강 폰 괴테, 《성스러운 갈망The Holy Longing》.

서기 1654년

교황이자 순교자이시며

순교사에 나온 바와 같이 여러 사역을 하신

성 클레멘트의 축일이자

역시 순교자이시며 여러 사역을 하신

성 크리소스토무스의 축일 전야.

11월 23일, 월요일, 저녁 10시 반에서 12시 반까지.

불.

아브라함, 이삭, 야곱의 하느님,

철학자들과 지식인들의 하느님이 아닌 하느님.

논리를 초월한 절대 확신, 기쁨, 평화.

세상사 모든 것을 쉽게 잊었으나

하느님만은 잊지 않았나이다.

세상은 당신을 잊었으나

나는 당신을 알았나이다.

기쁨! 기쁨! 기쁨! 기쁨의 눈물!•

존경받는 19세기 심리학자이자 현대 실험심리학의 아버지 중 한

• 프레더릭 해폴드, 《신비주의 Mysticism》.

명인 구스타프 페히너는 자신의 저서 《과학자의 종교 The Religion of a Scientist》에 다음과 같은 글을 남겼다.

어느 봄날 아침, 나는 일찌감치 밖으로 나갔다. 들판은 푸르렀고, 새들은 지저귀었고, 아침 이슬은 반짝였다. ……그곳에 있는 모든 것 위로 찬란한 빛이 쏟아지고 있었다. 단지 지상의 아주 조그만 일부에 불과했지만 시야를 점점 더 넓힐수록 나에게는 그것이 단지 아름다울 뿐 아니라 천사임이 너무도 확실했으며 너무도 진실했다. 천사는 그만큼 찬란하고 신선하고 활짝 피어 있었으며, 그러면서도 천국에서 움직이는 모습이 아주 안정적이고 조화로웠고, 생기 넘치는 얼굴을 완전히 천국으로 향한 채 바로 그 천국을 내게 안겨주고 있었다. 너무나 아름답고 너무나 진실해서 도대체 인간의 개념이라는 것이 얼마나 왜곡되었기에 이 지상을 오직 메마른 흙덩어리로 보고, 천사를 지상에서 떨어진 곳에서 찾고, 별들과 그 위의 하늘을 텅 빈 공간으로 여기면서 결코 그것들을 발견하지 못했는지 의문이 들었다.[•]

알렉산더 박사님

저는 약 25년 전 말로 설명할 수 없는 경험을 했고, 오늘날까지도 그

[•] 구스타프 페히너, 《과학자의 종교 The Religions of a Scientist》.

일을 생생하게 기억하고 있기에 선생님의 책을 아주 흥미롭게 읽었습니다(직관이 뛰어나고 지적인 친구로부터 그 책을 선물 받았습니다). 저는 질병이 있었던 것도 아니고 어떤 식으로든 육체적 제한이 있었던 상황도 아니었기에 임사 체험은 아니었습니다. 저는 법정에서 나와 차 쪽으로 걷고 있었습니다(지금도 법조계에서 일하고 있습니다). 경고판도 그 어떤 설명도 없는 시멘트 보도 사이의 틈에 빠졌던 것으로 기억하는데, 문득 모든 게 다 잘될 거라는 생각이 들었습니다. "모든 게 다"라고 말할 때 그것은 누구나 상상할 수 있는 가장 폭넓은 범위를 뜻합니다. 변호사들이 즐겨 말하는 것처럼 일체의 제약 조건 없이 과거, 현재, 미래, 우주universe, 대우주 cosmos*, 모든 행동, 모든 사건, 과거의, 현재의 그리고 앞으로 일어날 모든 환경을 포함하는 개념입니다.

박사님이 저서에서 말씀하신 '궁극의 실제'가 어떤 의미인지 저는 이해할 수 있습니다. 이 우주의 모든 것이 다 괜찮고, 정확히 그들의 섭리대로 움직이고 있다는 느낌은 좀 더 진실되고, 좀 더 실제이고, 지금껏 제가 경험한 그 어떤 것보다도 직접적이었습니다. 변호사로서 저는 무엇이든 주장하고 토론하도록 훈련받은(그리고 선천적으로 그런 성향을 지닌) 사람이지만, 그 느낌은 그 어떤 논쟁과 토론 혹은 의심도

---

* universe와 cosmos 모두 통상적으로 '우주'로 번역하지만 universe는 별이나 성단·은하·은하단 등을 모두 포함하는 천문학적 대상의 우주이며, cosmos는 질서와 조화를 지닌 관념적 우주로서 가장 큰 개념이라고 말할 수 있다. 여기서는 그 둘을 구분하기 위해 대우주라고 번역했다.

초월한 것이었습니다. 사무실로 차를 몰고 돌아오던 중 5분 정도 지나니 그 기분이 사라졌고, 그 후로 다시는 그 기분을 느끼지 않았습니다.

케네스 P

괴테, 파스칼 그리고 페히너에게는 오늘날 우리가 습득한 것과 같은 과학적 지식이 없었지만 그들 모두 현대사회의 일원이고, 그들 개개인이 그 시대 과학계의 거물이었으며, 그들이 이룬 성과는 현대과학의 기반이 되었다.

17세기 과학자 에마누엘 스베덴보리 역시 마찬가지였다. 스베덴보리는 자신의 삶 대부분을 스웨덴 광산의 감독관으로 일했는데, 엔지니어링과 물리학은 물론 당시 유럽에서 상용화하기 시작한 석탄을 비롯한 다양한 광물을 지하 깊은 곳에서 추출하는 데 필요한 유압 기술 분야의 해박한 지식이 필요한 직업이었다. 또 그는 상당한 수준의 기하학자이자 화학자였고 해부학자였으며, 인간의 두뇌 중에서 운동 협응 능력을 주로 담당하는 소뇌가 하는 일의 개요를 최초로 확립한 사람이었다. 어느 모로 보나 그는 천재였다.

스베덴보리는 특히 뇌에 관심이 많았고, 그의 시대에는 여전히 영혼이라 불렀던 의식의 위치를 분리해내기 위한 연구에 수년을 할애하기도 했다. 그러던 어느 날 – 심리학자이자 스베덴보리파의 학자 월슨 반 두센의 표현에 따르면 – 스베덴보리는 자신이 그동안 '엉뚱

한 곳'에서 헤매고 있었음을 깨달았다. 그는 일종의 정신적 위기를 겪었다. 섬뜩할 정도로 생생한 일련의 꿈을 통해 천국이 열리는 것 같은 순간에 도달한 것이다. 스베덴보리의 낡은 세계는 균열이 생기고 구부러지고 무너졌으며, 그 자리에 새로운 세계가 생성되었다.

스베덴보리는 자신이 발견한 영적 세계를 연구하고 분류하는 데 여생을 바쳤다. 그 이전에 물질세계를 연구하는 데 헌신했던 것처럼. 스베덴보리는 천국을 실제 장소인 것처럼 다룬 최초의 현대 과학자이고, 천국의 지도를 그리려 노력한 최초의 과학자이다.

일종의 명상적 무아지경 상태로 접어드는 '내면의 관찰' 방식을 개발하면서 그는 방대한 영역의 세계를 정리했고, 이를 놀라울 정도로 상세하게 기록했다. 그의 글들은 때로 기이하게 여겨져 동료 과학자는 물론이거니와 교조적 기독교의 수문장들을 곤경에 빠뜨리곤 했다. 그가 탐험한 세계에는 사람들과 나무들, 집들이 있었으며, 그는 천사들 또는 악마들과 이야기를 나누었다. 그는 한랭전선을 묘사하는 현대 기상 캐스터처럼 자신이 방문한 다양한 세계의 영적 기후를 정확하게 설명했다.

각 세계의 특성은 무엇보다 한 가지 요인에 의해 결정되었다. 그 속에 담긴 사랑과 증오의 양이었다. 스베덴보리는 만약 당신이 사랑으로 정의되는 사람이라면 - 그가 천국이라고 믿은 - 셀 수 없이 많은 영적 세계 중 한 곳으로 갈 것이고, 증오로 정의되는 사람이라면 지옥으로 갈 것이라고 말했다.

스베덴보리는 소우주라는 고대 개념의 신봉자로서 인간 개개인이 우주의 축소판이라고 믿었다. 그는 우리가 제대로 들여다보기만 한다면 천국의 지도는 물론 천국 자체를 찾을 수 있을 거라고 했다. '외적인 것은 실제이고 내적인 것은 상상일 뿐'이라는 개념은 물질세계에서 우리의 경험에 바탕을 둔 것으로, 의식이 두뇌의 영향을 받고 우리가 육체 안에서 움직이기 때문에 우리는 그것이 곧 우리 정체성의 전부라고 세뇌당한다. 그러나 내적 자아로서 우리의 체험은 결코 우리의 내면에 있지 않다. 스베덴보리가 모든 세계는 우리 내면에 있다고 말했을 때, 그는 비현실적 세계를 상상할 수 있는 우리의 능력을 지칭한 것이 아니었다.

이 우주는 물질세계인 것 이상으로 영적 세계이다. 영적 우주에는 여러 세계, 예수의 표현에 따르면 '많은 거처들'이 있다. 아울러 여러 세계 역시 구름과 바람과 도시와 기후와 사람이 있는 진정한 **세계들**이다. 스베덴보리학파의 우르슬라 그롤은 이렇게 썼다. "인간이 신에게 굴복할수록 천국이 그의 내면에서 모습을 드러내고, 인간이 신에게 가까이 다가갈수록 인간은 더욱 인간이 된다. 왜냐하면 우주의 의식 혹은 만물을 아우르는 전체 속에서 좀 더 큰 자리를 차지하게 되기 때문이다."● 다시 말해 스베덴보리에게 천국의 지도를 그리

● 우르슬라 그롤, 《스베덴보리와 새로운 패러다임의 과학 Swedenborg and New Paradigm Science》.

는 것은 타당한 학문일 뿐 아니라, 진정한 인간이 되기 위해 우리가 해야 하는 일이었다.

페르시아의 신비주의자 나묘딘 코브라는 거침없고 직설적인 그만의 훌륭한 어법으로 천국은 "저 멀리 눈에 보이는 하늘이 아니다"라고 단언했다. 그는 천국이 "다른 하늘들, 보다 심오하고, 보다 섬세하고, 보다 푸르고, 보다 순수하고, 보다 환한, 가늠할 수 없음과 무한함"이라고 말했다. 정말 다른 하늘들이 있다고? 그렇다. 코브라는 그런 의미로 말했다. 그는 결코 은유적으로 표현한 것이 아니다. 그러나 이러한 세계는 오직 영적으로 조율된 사람만 들어갈 수 있다. 물질세계를 초월한 우주는 무작정 새 영토로 진군해 들어가 정복할 수 없다. 여러분이 그 세계에 맞추고 조화를 이루지 않으면 그 세계는 닫혀 있을 것이다. "내면이 순결할수록 그 하늘도 당신에게 더 순결하고 아름답게 보일 것이다. 그러다가 어느 날, 마침내 당신은 성스러운 순결함 속으로 걸어 들어갈 것이다. 그러나 성스러운 순결함 역시 무한하다. 당신이 도달한 그 세계 너머에는 더 이상 아무것도 없다고, 더 높은 세계는 없다고 생각하지 마라."•

나는 코브라 같은 신비주의자들, 그리고 스베덴보리 같은 신비주의 과학자들이 옳다는 것을 알고 있다. 천국은 추상적 개념이 아니다. 우리의 소망을 담은 공허한 상상이 빚어낸 꿈같은 풍경이 아니

• 헨리 코빈, 《이란 수피즘에서의 불빛의 인간The Man of Light in Iranian Sufism》.

다. 그것은 지금 당신이 머무는 방이나 비행기나 해변이나 도서관처럼 실제 장소이다. 그 속에는 사물이 있다. 나무, 들판, 사람, 동물이 있으며 심지어 실제 도시도 있다. 우리가 요한계시록이나 20세기 페르시아의 선지자 수라와르디, 혹은 20세기 아랍 철학자이자 신비주의자 이븐 아라비의 말에 귀 기울인다면 말이다.

그러나 그곳의 섭리는 - 그러니까 천국의 물리 법칙은 - 우리 세계의 그것과 다르다. 우리가 이 세계에서 기억해야 할 한 가지 법칙이 있다면, 우리는 결국 우리가 있어야 할 곳으로 가게 되고, 우리가 지닌 사랑의 양에 의해 그곳으로 인도된다는 사실이다. 왜냐하면 사랑이야말로 천국의 본질이기 때문이다. 천국은 사랑으로 만들어진다. 그것이 그 세계의 법정 화폐이다.

지상의 삶에도 그러한 법칙을 적용하는 게 현명하다고 생각한다. 신성하고 영원한 영적 존재인 우리 자신을 **진정으로** 사랑하고, 함께 살아가는 존재와 모든 피조물에게 그 사랑을 전파해야 한다. 피조물에 대한 창조자의 조건 없는 사랑의 전달자로서 봉사하고, 연민과 용서를 보여줌으로써 우리는 물질세계의 모든 단계에 무한한 치유의 에너지를 불어넣을 수 있다.

또 그것이 바로 지상에 살면서 영적 세계를 엿보기 위해 필요한 자질이 방대한 지식도, 대단한 용기도, 엄청난 영리함도 아닌 이유이기도 하다. 모두 훌륭한 자질이지만, 우리에게 필요한 것은 정직함이다. 진실은 1,000가지 다른 길로 도달할 수 있다. 그러나 플라톤이 말했듯 비슷한 사람끼리 서로 끌리는 것처럼 진실을 깨닫기 위해 그 무엇보다 우리에게 필요한 것은 우리 자신이 진실해지고, 우리 내면에서 일어나는 선함과 고집에 정직해지는 것이다. 이 점에 대해서는 부처와 예수, 아인슈타인처럼 이질적인 사람들마저 합의하고 있다. 비슷한 사람들끼리 서로 이해한다.

이 우주는 사랑에 바탕을 두고 있지만, 우리의 내면에 사랑이 없으면 우주는 우리를 차단할 것이다. 우리는 영적 세계 따위는 존재하지 않는다고 호기롭게 외치며 평생을 살아갈 것이다. 왜냐하면 우리 자신의 내면에 있는 사랑을 깨우는 데 실패했고, 그로 인해 세상에서 가장 분명한 사실이 우리 눈에 보이지 않기 때문이다. 진실하지 않은 마음으로 진실에 도달할 수 없다. 자신과 타인을 속이면서 진실에 도달할 수는 없다. 보다 크고 보다 깊은 자아는 뒤에 남겨둔 채 은빛 껍데기만 가지고는 진실에 도달할 수 없다. 천국을 전부 다 보고 싶다면 당신 자신을 전부 다 가지고 가야 한다. 그러지 못할 바에는 차라리 집에 있어라.

제 4 장

힘이라는 선물

어느 날, 암호랑이 한 마리가 염소 무리를 공격했다. 사냥꾼이 멀리서
암호랑이를 보고 총으로 쏘아 죽였다. 암호랑이는 새끼를 밴 상태였는데,
죽으면서 새끼를 낳았다. 새끼 호랑이는 염소들 틈에서 자랐다.
처음에는 어미 염소들이 보살펴주었고, 나중에 몸집이 커졌을 때는 스스로
풀을 뜯어 먹으며 자랐다. 새끼 호랑이는 점점 커다란 호랑이로
자랐지만 여전히 풀을 뜯어 먹고 염소처럼 울었다. 다른 동물이 공격해오면
염소처럼 도망 다녔다. 하루는 용맹스러운 호랑이 한 마리가 염소 떼를
공격했다. 그 호랑이는 풀을 먹고 염소들과 함께 달아나는
호랑이를 보고 깜짝 놀랐다. 그러고는 염소들은 남겨두고 풀 먹는 호랑이만
공격했다. 호랑이는 염소처럼 울면서 달아나려 했다. 그러자 용맹스러운
호랑이가 풀 먹는 호랑이를 개울로 끌고 가서 말했다. "물에 비친 네 모습을
봐. 보다시피 넌 나와 얼굴과 몸이 똑같단 말이야." 호랑이는
고기 한 조각을 풀 먹는 호랑이 입에 대주었으나 처음에 고기를 거부했다.
그러다가 마지못해 고기 맛을 보고는 이내 뱉어냈다. 용맹스러운
호랑이가 풀 먹는 호랑이에게 말했다. "정말 창피한 일이로다! 염소와 살면서
그들과 같이 풀을 먹다니!" 풀 먹는 호랑이는 자신이 수치스러웠다.

– 슈리 라마크리슈나(1836~1886), 19세기 힌두교 성자

The MAP
of
HEAVEN

어릴 때 나는 슈퍼맨을 좋아했다. 특히 조지 리브스가 나오는 1950년대 흑백 TV의 슈퍼맨 시리즈를 좋아했다. 자기만의 슈퍼 히어로를 가진 수많은 아이처럼 나 역시 리브스의 슈퍼맨을 단지 존경하는 것에서 머물지 않았다. 그와 나를 동일시했다. 여섯 살인가 일곱 살 때, 키친타월로 만든 망토를 잠옷 칼라 속에 넣고 다른 일에 열중해 있는 누나들 방으로 들어가서는 누나들이 날 바로 알아보지 못하면 혼자 웃곤 했다. 자기들 방에 누가 나타났는지도 모르고 있군!

그러나 내 마음을 사로잡은 것은 슈퍼맨의 괴력도, 날 수 있는 능력도, 투시력도 아니었다. 물론 그것들도 멋졌지만 말이다. 그것은 바로 슈퍼맨이 **다른 곳에서 왔다는 사실**이었다. 평범한 사람들 틈에서 그럭저럭 적응하며 살고 있긴 하지만 슈퍼맨은 지구인이 아니었다. 힌두교 성자 라마크리슈나의 이야기에 나온 호랑이처럼 슈퍼맨은 자신이 특정한 생명체라고 믿을 수밖에 없는 세계에 살고 있었지만, 사실 속을 들여다보면 그는 전혀 다른 존재였다.

물론 슈퍼맨을 사랑한 아이가 나 혼자는 아니었다. 다른 슈퍼 히어로들의 팬임을 자처하는 아이도 수없이 많았다. 스파이더맨, 아이언맨, 헐크……. 그러나 돌이켜 생각해보면(최근 들어 이런 히어로들이 다시 아이들 사이에서 인기를 끌고 있지만) 이 주인공들이 공통적으로 겪

• 슈리 라마크리슈나, 《슈리 라마크리슈나의 복음The Gospel of Sri Ramakrishna》.

는 일이 있음을 알 수 있다. 그들에게는 비밀 신분이 있었다. 그들은 세상 사람이 생각하는 것과는 전혀 다른 존재였다.

랠프 왈도 에머슨은 자신의 에세이 《자연론 Nature》에서 "인간은 폐허 속의 신"이라는 유명한 구절을 남겼다. 언뜻 부정적으로 들릴 수도 있겠지만, 사실 그의 이야기는 이번 장 서두에 소개한 라마크리슈나의 이야기와 일맥상통한다. 우리 인간은 어쩌다 보니 너무 작은 존재라고 믿게 된 너무 큰 존재라는 것이다. 우리 자신을 재평가하는 방법을 다시 배운다면 우리는 더욱 강해질 것이다. 아니, 훨씬 더 강해질 것이다.

19세기 말 심리학자들은 아주 재미있는 사실을 발견했다. 진실을 억압할 때 인간이 그로 인해 고통을 받는다는 것이다. 마음 깊은 곳에서 진실을 알고 있는데 그렇지 않은 척하다 보면 충돌이 발생하고, 그 충돌은 다시 우리 자신의 여러 부분에서 효율적 소통을 가로막는다. 우리 자신의 어떤 부분은 쪼개지고 외면당한다. 그런 부분이 많을수록 우리는 점점 더 화가 나고 점점 더 짜증이 난다. 인간은 두 주인을 섬길 수 없으며, 집이 나뉘면 설 수 없다고 예수는 말했다. 이 말은 예수가 남긴 가장 훌륭한 영적 언급일 뿐 아니라 가장 훌륭한 심리학적 언급이기도 하다.

프랑스 사회학자 에밀 뒤르켐은 이런 글을 남겼다. "믿는 자는 믿지 않는 자가 알지 못하는 새로운 진실을 본 자일 뿐 아니라 훨씬 강한 자이다. 그는 내면에서 좀 더 큰 힘을 느끼고 그로 인해 삶의 시련을 견디고 또 정복할 수 있다. 마치 세상사의 모든 고통을 넘어선 것과 같다. 왜냐하면 실제로 단순한 인간으로서의 조건들을 넘어섰기 때문이다."●

믿음은 산을 옮긴다. 그러나 오늘날 우리는 믿음이 실용적 관점에서도 분명 유용한 것이긴 하지만, 그런 믿음을 가지려면 우선 순수해야 한다고 배운다. 우리의 현실적이고 아리스토텔레스 학파적인 측면을 억누르고, 내면의 몽상적이고 영적인 측면으로 빠져들어야 한다는 것이다. 한마디로 우리는 스스로를 속여야 한다. '과학'이 우리가 누구이며 어디로 가는지에 관한 진정한 낙관을 불가능하게 만들었다는 것이다.

그것이 바로 과학계에 종사하는 수많은 독자가 《나는 천국을 보았다PROOF OF HEAVEN》라는 책 제목에 그토록 경악하는 이유 중 하나이다. 그들은 "그런 건 증명할 수 있는 게 아니잖아요"라고 말한다.

흥미롭게도 종교적 관점에서 이 책을 읽은 수많은 독자도 그 점에 동의했다. 그들은 믿음, 혹은 믿음에 관한 주제(천국, 사랑의 하느님)는 증명해야 할 실험적 대상이 아니라고 주장했다. 영적 문제를 물질계에 적합한 방식으로 입증하려 애쓴다는 것, 고결한 영적 문제를 화학의 위상으로 끌어내린다는 것은 지극히 오만한 일이라고 했다.

● 에밀 뒤르켐, 《종교적 삶의 기본 형태The Elementary Forms of Religious Life》.

나도 같은 생각이다. 영적 문제는 16세기에 시작한 구태의연하고 공격적인 방식의 과학으로는 결코 증명할 수 없다. 그러나 다른 방식의 과학으로 접근한다면 어떨까? 붙잡는 방식이 아닌 구하는 방식으로 접근한다면? 파스칼, 페히너, 괴테, 스베덴보리 같은 과학자들이 동의했을 법한 방식으로 접근한다면?

재미있는 것은 그들 같은 과학자에게 그랬던 것처럼 수많은 위대한 영적 지도자의 삶과 가르침을 들여다보면, 그들에게 지식과 믿음은 결코 별개의 것이 아니었다. 알고 보면 믿음(신앙)은 우리가 아는 것보다 훨씬 더 증거와 관련이 있다. 문학 역사상 믿음을 다룬 가장 중요한 자료라고 말할 수 있는 히브리서에 의하면 믿음은 '소망하는 것들의 실체이며, 보이지 않는 것들의 증거'이다.

실체, 증거. 묘하게 과학적 여운이 남는 단어들이다. 사실 우리의 문화를 규정하는 두 가지 방식의 세계관이라고 말할 수 있는 과학과 종교는 우리가 생각하는 것보다 훨씬 더 서로 얽혀 있다. 종교는 이쪽이고 과학은 저쪽이라는 생각은 하나의 환상이다. 인간의 지식이라는 것은 깔끔하고 반듯한 사람들이 아무리 원한다 해도 결코 그런 식으로 깔끔하고 반듯한 선으로 정리되지 않는다.

"알기 위해서는 먼저 믿어라." 캔터베리의 성 안셀무스가 11세기에 남긴 말이다. 그는 거의 1,000년 전 성 아우구스티누스가 했던 말, 즉 "이해하기 위해 믿어라"는 말을 되풀이하고 있는 것이다. 이 세계에는 어떤 질서가 있으며, 그것은 우리가 이해할 수 있는 질서라는 믿음이 선행되지 않으면 과학은 이 우주에 대한 단 하나의 진실도 발견할 수 없다. 성 안셀무스가 주장한 것처럼 지식은 믿음을 요구한다.

우리가 우주의 '저 밖'에서 만나는 질서와 우리 자신의 '이 안'에서 만나는 진실이 본질적으로 하나임에 바탕을 둔 믿음이다. 세상을 이해하려면 이 세상이 이치에 닿는 것임을 믿어야만 하고, 그것이 우리가 이해할 수 있도록 열려 있음을 믿어야 한다. 그것이 바로 모든 과학에 숨어 있는 믿음의 요소이다.

그것은 우리가 살고 있는 이상하고 흥미진진한 시대의 여러 재미있는 사실 중 한 가지이다. 갈수록 늘어나고 있는 임사 체험의 증거는 말할 것도 없고, 과학의 진보는 히브리서에서 바울이 말한 '보이지 않는 것들'과 과학을 그 어느 때보다 밀착시키고 있다. 물리학에서부터 원거리 투시, 텔레파시, 생물학자 루퍼트 셀드레이크가 입증한 동식물 유기체의 성장과 행동 이면에서 작용하는 초자연적 질서 체계에 이르기까지, 이 모든 것의 바탕에는 ─ 비록 그 접근 방식은 너무도 다양하지만 ─ 오직 하나의 진실이 존재한다는 공감대가 확산되고 있다. 그리고 그 진실은 교조적 종교와 교조적 과학의 논쟁이 우리 시야를 흐리기 이전 우리가 돈독한 관계를 유지하고 있던 오래된 영적 세계에 관한 진실이다.

실제로 우리는 천국이 존재한다는 사실을 증명할 수 있다. 영적 세계는 실제이고, 사람들은 그 세계를 매일 대면한다. 어쩌면 당신도 체험했을 것이고, 마음속으로는 그 사실을 알고 있다. 그러나 당신이 체험한 것은 결코 실제가 아니라는 말을 들어왔을 것이다. 그것이 바로 뉴턴을 비롯한 과학 혁명의 아버지들이 우리에게 남겨준 부정적 유산이다. 그러나 정작 과학은—실제 현실인 과학은—무언가가 경로를 이탈하고 어떤 하나의 이론이 더 이상 통하지 않을 때면 이내 타협하거나 포기해버린다. 이는 물질주의 과학이 좋아하건 싫어하건 현재 벌어지고 있는 상황이다.

알렉산더 박사님

1952년, 여덟 살의 나이에 저는 뇌종양 진단을 받았습니다. 그리고 수술을 받은 뒤 2주 동안 혼수상태였지요. 그 기간에 임사 체험을 한 것 같습니다. 잠에서 깨어났을 때 엄마가 옆에 계셨고, 저는 엄마에게 왜 그렇게 걱정스러운 표정을 하고 있느냐고 물었어요. 엄마는 제가 그동안 몹시 아팠다고 하셨죠. 저는 엄마에게 걱정할 필요 없다고, 그동안 줄리 이모할머니와 함께 있었다고 했습니다. 이모할머니는 얼마 전에 세상을 떠나셨습니다. 저는 할머니 무릎에 앉아 위로를 받던 순간을 너무도 생생하게 기억합니다. 물론 꿈일 수도 있겠지만, 저는 그렇게 생각하지 않아요. 세월이 오래 흘렀는데도 너무도 기억이 또렷하거든요. 지금은 완치되었고 멋진 삶을 살고 있습니다. 선생님의 책 《나는 천국을 보았다》는 제 이야기와 너무나 비슷합니다. 그래서 이야기를 나누고 싶었습니다.

제인 - 앤 로울리

　플라톤의 스승 소크라테스는 아테네의 젊은이들을 타락시켰다는
이유로 사약을 받았을 때, 대중의 시선에도 아랑곳 않고 진정으로
천국을 받아들인 데서 연유한 힘을 보여준 것으로 유명하다. 서구
역사상 소크라테스의 죽음은 예수의 죽음 다음으로 획기적 사건이
었다. 플라톤이 묘사한 - 아테네의 간수들이 건네준 독을 마시는 -
소크라테스의 영웅적이고 초인적인 평온함은 세계 문학사에서 가장
인상적인 장면 중 하나다. 소크라테스가 분명 훌륭한 인품의 소유자
이긴 했지만, 그러한 죽음이 훌륭한 인품의 힘으로는 불가능하다는
것을 플라톤은 알고 있었다. 죽음 앞에서 보여준 소크라테스의 초연
함은 죽음이 과연 무엇인지 알고, 죽음은 결코 끝이 아니며 우리의
진정한 고향으로 돌아가는 것임을 아는 데서 비롯한 것이었다.
　모든 영적 믿음의 중심에는 인간이 우리가 생각하는 것과 다른 존
재라는 직관이 자리하고 있다. 우리는 단지 흙으로 빚어져 일정 기
간 동안 이 세상에서 돌아다니다가 사라져버리는 존재가 아니라는
직관이다.
　바로 이 직관이, 비록 지금은 묻혀 있지만 언제든 깨어날 준비가
된 이 직관이 전 세계 모든 종교(특히 이러한 종교의 입교적 측면)가 끊
임없이 우리에게 일깨워주려 한 것이다. 수많은 신화와 극적 입교

시나리오를 통해 이들 종교는 우리에게 말한다.

당신 생각이 옳습니다. 당신은 자신이 생각하는 그런 존재가 아닙니다. 그보다 훨씬, 훨씬 더 큰 존재입니다. 그러나 좀 더 큰 존재가 되려면 당신의 현재 모습인 단순한 지상의 인간은 죽어야 합니다. 당신은 지상과 천상의 존재가 되어야만 합니다.

이러한 종교는 나의 첫 고공 낙하 교관이 했던 질문을 우리에게 던진다.

준비됐습니까?

제 5 장

소속이라는 선물

나는 신의 증거는 주로 개개인의 내적 체험 속에 있다고 믿는다.
— 윌리엄 제임스(1842~1910), 미국의 철학자 겸 심리학자

　1960년대 영국의 해양식물학자 앨리스터 하디는 당시 멕시코만
의 생물에 관한 연구로 이름이 알려져 있었다. 그는 인간 내면의 요
소를 연구하기 위한 센터를 설립했다. 인간의 내면을 뇌과학만으로
는 제대로 설명할 수 없다고 생각한 것이다. 인간의 사고에는 두뇌
이상의 무언가가 있다고 믿었으며, 평범한 사람들이 이 문제에 대해
어떻게 생각하는지 알고 싶었다.
　하디와 팀원들은 일련의 질문지를 작성해 발송했고, 자신의 내적
영역과 직접 접촉한 3,000여 명으로부터 답변을 들었다. 하디는 들
려줄 이야기가 있는 사람들의 이야기를 기꺼이 들을 준비가 되어 있

었다. 그가 내건 유일한 조건은 ─ 그 자신은 실제 경험을 한 평범한 사람들의 이야기에 관심이 있을 뿐이므로 ─ 하디와 동료에게 설교하거나, 글로 토론하거나, 이런저런 교조적 종교의 진리를 설득하려 하지 말라는 것이었다. 하디는 선전이 아닌 정보 자체에 관심이 있었다. 그는 진정한 과학자였고 진리의 추구자였다. 대부분의 동료 과학자가 얻을 게 없다고 믿었던 영역을 살펴보기로 했기 때문이다.

하디는 자신의 연구가 실험실의 표준에 맞춘 과학적 연구인 것인 양 말하지 않았다. 그는 자신이 받은 답변들이 비커로 분리해내거나 저울로 측정할 수 없는 것임을 알고 있었다. 그러나 그런 것들은 문제 될 게 없다고 생각했다. 그래도 여전히 실제일 가능성이 있었다. 감히 그런 생각을 품고, 그는 소설가 헨리 제임스의 형이자 미국 철학자·심리학자인 윌리엄 제임스의 전철을 밟았다. 윌리엄 제임스는 1902년 저서 《다양한 종교 체험The Varieties of Religious Experience》을 통해 영적 현상을 과학적으로 탐구하는 혁명을 이룬 장본인이다. 《다양한 종교 체험》을 비롯한 여러 권의 저서에서 제임스는 영적 체험을 실험실 안에서 실험하고 검증하는 것은 불가능한 일일 수도 있지만, 그렇다고 해서 그것이 실제가 아니라고 말할 수는 없다는 선구자적 주장을 펼쳤다.

그 자신이 심리학자임을 감안한다면 당연한 일일 수 있겠지만, 제임스는 특별한 심리적 체험을 한 사람들의 이야기를 듣고 그들의 얘기를 진지하게 받아들였다. 그들의 이야기를 맹목적이고 무비판적으로 듣지 않았고, 종교 교리의 비판적 틀에 얽매여 듣지도 않았다. 우리가 진정 누구이며 어떤 존재인지에 대한 잠재적 퍼즐로 들었다. 《다양한 종교 체험》에서 그는 아빌라의 성녀 테레사, 십자가의 성 요한 같은 존경받는 신비주의자부터 지극히 평범한 사람에 이르기까지, 그들이 겪은 다양한 신비로운 체험을 생생하게 기술했다. 제임스는 당시로서는 거의 유일하게 너무도 다른 개인들이 내용 면으로 보나 삶에 미친 영향으로 보나 놀라울 정도로 유사한 영적 체험을 했음을 알았다. 그 시대의 다른 심리학자와 달리 제임스는 그들의 특별한 심리학적·영적 체험을 치료해야 하는 병리 현상으로 보지 않았다. 인간의 가능성에 대한 좀 더 큰 전망의 암시로, 인간이 앞으로 어떻게 될지에 관한 제안으로 보았다. 1960년대에 본격적으로 시작한 '인간 잠재력 운동'은 그의 공이 크다.

그를 폄하하는 사람도 많지만, 그럼에도 불구하고 제임스는 당대의 주요 인물이었다. 그러나 20세기의 도래와 함께 공격적 실험 중심의 심리학(미로 속의 쥐들을 연구한다든가, 뇌를 해부한다든가, 그 밖에 여러 진부한 실험의 추구) 쪽으로 판도가 바뀌면서, 제임스가 처음 시도한 섬세한 탐구에 대한 평판은 악화되었다. 예민한 신경증 환자들이 천국이 열리는 것을 보았다는 둥, 영혼과 대화를 나누었다는 둥 하는 얘기에 누가 관심을 갖겠는가? 지어낸 얘기가 틀림없다고 생각했다.

하디는 20세기 중반 대여섯 명 남짓한 용감한 과학자 중 한 명이었다. 그는 제임스가 개척한 관점이야말로 심리학의 진정한 미래라고 여겼으며, 그것을 잊는다는 건 재앙에 가까운 실수라고 생각했다. 하디는 야코프 뵈메라는 네덜란드 선지자의 체험에 특히 관심이 있었다.

어느 날 백랍 접시에서 한 줄기 햇빛이 반사되는 광경을 보고, 뵈메는 이 세계의 구조를 들여다보는 체험을 했다. 비슷하지만 그보다 더 강렬한 체험이 그로부터 몇 년 뒤에 일어났다. 그 체험을 뵈메는 이렇게 기록했다. "나를 위해 문이 열렸고 그로부터 15분 동안 나는 대학에 다녔다면 배웠을 것보다 훨씬 더 많은 것을 보고 또 깨우쳤다."●

뵈메는 수도원에 틀어박혀 지내는 몽롱한 눈빛의 신비주의자가 아니었다. 그는 구두 수선공이었다. 구두 수선공보다 더 세속적인 직업은 없었다. 그렇게 현실적인 사람이 어떻게 대학에서 수년간 배웠을 것보다 더 많이 배웠다고 주장할 수 있을까?

뵈메가 계시의 순간 자신이 본 것을 쓰기 시작했을 때, 몇몇 지역 교회의 고위 성직자들이 그를 못마땅해한 것은 놀랄 일이 아니었다. 교조적 종교는 평범한 사람이 좀 더 높은 세계와 직접 접촉하는 것에 관대하지 않았다. 그러나 전 세계 종교 중에는 이런 가능성에 열려 있는 종교의 흐름 또한 존재했고, 과학 분야 역시 마찬가지였다.

● 모리스 벅, 《우주 의식 Cosmic Consciousness》.

하디는 평범한 보통 사람들의 삶에도 이러한 특별한 일이 일어나지만, 그런 사람들은 자신의 말이 진지하게 받아들여지지 않으리란 걸 알기에 발설하지 않는다는 사실을 알았다. 그는 그 세계의 중심으로 파고들고 싶었고, 그런 체험을 한 사람들의 말을 있는 그대로 받아들일 준비가 되어 있었다.

그 세계는 모호하지도 추상적이지도 않고 오히려 환상적일 정도로 강렬했다. 다음은 하디의 글이다.

> 많은 사람이 인생의 어느 시기에 구체적이고 가슴 깊이 받아들이는 초월적 경험을 한다. 그런 경험을 통해 그들은 이러한 힘의 존재를 깨닫는다. 그 경험은 그들이 지금까지 해온 그 어떤 경험과도 다르다. 그들은 그것을 딱히 종교적 체험이라 부르지 않을뿐더러, 그런 체험을 한 사람들이 반드시 조직을 갖춘 종교 단체에 소속되어 있거나 그러한 단체의 숭배 행위에 열성인 것도 아니다. 때로는 어린아이, 무신론자, 불가지론자에게도 그런 일이 일어나는데, 이들 체험자는 대부분 일상의 세계가 실제의 전체가 아니며, 다른 차원의 삶이 있다는 확신을 갖게 된다.[*]

이러한 깨달음의 체험에 관한 기록은 그 밖에 온갖 다른 종류의

---

[*] 앨리스터 하디, 《인간의 영적 본질》.

기록과 함께 하디의 사무실로 날아들었다. 마치 수많은 사람이 이런 체험을 한 것은 물론이고, 하디 같은 과학자들이 질문해주길 기다리고 있었던 것처럼. 그들은 자신이 겪은 일에 진짜 과학자들이 관심을 가져준다는 사실만으로도 안도했고 한편으론 흥분했다. 수많은 사람이 내게 했던 말을 하디도 들었다.

"지금까지 아무한테도 얘기한 적 없습니다."

알렉산더 박사님

토요일에 박사님의 책을 네 시간 만에 읽었습니다. 한번 읽기 시작한 뒤에는 내려놓을 수가 없더군요.

50여 년간 가까운 친지나 가족을 죽음으로 잃어본 적이 한 번도 없었는데, 최근 2년 동안 가까운 사람을 일곱이나 잃었습니다. 처음엔 예전 시어머니 앤이 세상을 떠날 때 일어난 일 때문에 항상 마음이 꺼림칙했어요. 당시 전남편은 아프가니스탄에 있었는데, 어머니 곁을 지키기 위해 돌아오는 중이었습니다. 미국으로 돌아오려면 장장 나흘이 걸렸지요. 다른 가족이 없기 때문에(제게 딸들이 있었지만 너무 어렸습니다) 전남편은 자기가 도착하기 전에 어머니가 세상을 떠날지 모른다면서 저한테 어머니 곁을 지켜달라고 부탁했습니다.

시어머니는 폐기종으로 죽어가고 있었는데, 여든두 살의 고령에도 정신만은 또렷했습니다. 말을 해야 할 때는 나지막한 목소리로 천천히 얘기했습니다. 주로 오래전 일들에 대해 여러 가지 이야기를 했지요. 손녀들의 이름도 알고 있었고, 아들이 오고 있다는 것도, 제가 누구인지도 알았지요. 10년 만의 만남이었기 때문에 첫날은 그야말로 상봉의 날이었습니다. 저한테 마지막을 지켜주는 '그 사람'이 되어주어 고맙다고 했지요. 시어머니는 머리와 외모를 무척 걱정했습니다. 빨간 모자를 쓰고 있었는데, 제가 도착했을 때 잠든 것 같았는데도 손으로 모자 매무새를 반듯하게 고치더군요. 제가 그곳에 있는 동안 하루에 열 번에서 열다섯 번 정도는 그랬던 것 같습니다. 그 외에는 ─ 지금에야 알게 되었지만 ─ 평범한 호스피스 방식의 죽음 과정이었습니다. 시어머니는 식사를 중단하고, 그다음에는 마시는 것을 중단하고, 분출 현상*등이 이어졌습니다.

돌아가시던 날, 오전 중반 무렵 시어머니는 제게 아들이 오는 중인지 물었어요. 이틀 뒤에나 도착할 거라고 대답했더니, 얼굴에 잠시 고통이 스쳤습니다. 시어머니의 표정은 그렇게 오래 기다릴 수 없다고 말하고 있었지요. 시어머니가 절 가까이 끌어당기더니 당신의 어머니와 오빠가 데리러 왔다고 하면서(두 분 모두 세상을 떠났습니다) 두 분이 이제 그만 떠나기를 원한다고 했습니다. 무슨 영문인지 몰랐던 저는 몸을 숙이고 시어머니의 귓가에 속삭였습니다. 만약 그 두 분이 어머니

---

* 죽음 직전 한 시간 정도 뇌 활동이 점차 감소하는 가운데 갑자기 30초에서 3분 정도 뇌에서 엄청난 양의 전기에너지가 분출하는 현상.

를 데리러 왔다면, 어머니와 오빠를 다시 만날 수 있는 것처럼 당신의
아들도 다시 볼 수 있을 거라고요. 시어머니는 제가 본 것 중 가장 평
화로운 미소를 지었습니다. 너무도 많은 의미가 담긴 미소였지요.

그날 오후, 제 딸들이 와서 시어머니의 병실을 크리스마스 분위기로
꾸몄습니다. 아이들이 가져온 트리와 눈사람, 장식용 전구를 바라보
면서 시어머니는 똑같은 미소를 지었습니다. 딸들이 떠난 후, 병실엔
다시 시어머니와 저만 남았습니다. 어머니는 잠들었고, 저도 잠이 들
었어요. 밤 11시쯤 잠에서 깨어났는데, 시어머니가 침대 발치에 있는
누군가와 이야기를 나누고 있었습니다. 저는 시어머니 바로 옆, 상체
쪽에 앉아 있었습니다. 병실에는 아무도 없었습니다. 시어머니는 마
치 누군가에게 건네주는 것처럼 모자를 벗어 내밀었다가 마지못해
도로 거두었다가 다시 내밀었습니다. 저는 모자가 어머니 무릎 위로
떨어지는 것을 보았습니다. 어머니는 미소를 짓더니 모자를 무릎 위
에 올려둔 채 몸을 뒤로 기대어 잠들었고, 저도 곧바로 잠이 들었습
니다.

새벽 1시쯤 다시 깨어났는데, 문득 어머니 발이 바로 제 옆에 있다는
걸 깨달았습니다. 어머니는 숨을 거두었고, 그 과정에서 옆으로 돌아
누운 것이었습니다. 얼굴에 고뇌의 표정이 드리워져 있더군요. 그리
고 모자는 보이지 않았어요. 저는 간호사를 불렀고, 그들은 곧바로 들
어와 옷을 벗긴 다음 시트로 몸을 감싸고 똑바로 침대에 뉘었습니다.
그러고는 깨끗하고 큼직한 가방들을 주면서 어머니 유품을 챙기라고

하더군요. 저는 유품을 챙겼고, 그들이 도와주었습니다.

새벽 2시에 전남편이 전화를 걸어와 45분간 이야기를 나누었습니다. 우리는 아침까지 기다렸다가 딸들에게 알리기로 했습니다. 전화를 끊고 나서 어머니 유품이 든 가방들을 들고 병실 밖으로 나갔더니 눈이 내리고 있더군요. 함박눈이었어요. 30분 거리의 산속 마을에 살고 있던 저는 집으로 차를 몰고 가는 게 내키지 않았습니다. 제 남편은 출장 중이었고, 딸들에겐 전화를 하고 싶지 않았습니다. 딸들이 눈길을 운전해서 오는 걸 원치 않았거든요. 저는 극도의 외로움을 느끼며 복도에 서 있었습니다. 여전히 충격을 받은 상태였고, 무얼 해야 할지 몰라 얼떨떨한 기분이었습니다.

그다음 날 아침, 저는 전남편의 부탁을 받고 집으로 가서 시어머니의 유품을 정리했습니다. 빨간 모자는 여전히 보이지 않더군요. 혹시 침대 시트와 함께 쓸려 나갔나 하는 생각에 호스피스 병동에 전화를 걸었죠. 담당자가 세탁물을 살펴보겠다고 했어요. 그곳에 있는 사람들 모두가 빨간 모자를 알고 있었지요. 어머니는 심지어 잠잘 때도 그 모자를 쓰고 있었으니까요. 그런데 모자를 찾을 수 없었습니다.

……저는 연이어 사람들을 잃었습니다. 가장 친한 친구가 오토바이 사고로 세상을 떠났지요. 그다음엔 아버지가 병들었는데, 제가 임종을 지켰습니다. 돌아가시기 며칠 전 저는 아버지 집 앞에 앉아 있었습니다. 아버지와 저 단둘뿐이었는데, 갑자기 아버지가 저를 쳐다보면서 덤덤하게 물었어요. "너도 방금 그 여자 봤니?" "누구요?" 제가 되

물었습니다. 아버지는 조금 전 어떤 여자가 지나갔다면서 여자 모습을 상세히 설명해주었습니다. 어떤 모습이었는지, 어떤 옷을 입었는지. 그녀는 아버지가 어릴 때 세상을 떠났다는 아버지의 여동생 나탈리였어요. 저는 사진으로 본 적이 있어서 아버지가 그분을 묘사하는 것임을 알았습니다.

그래서 고모의 이름을 댈 거라고 생각하면서 아버지에게 그 여자분의 얼굴을 봤느냐고 물었습니다. 아버지는 아주 침착하게 현관문을 가리키더니 말했습니다. "아니, 얼굴은 못 봤다. 하지만 집 안으로 들어갔으니 보고 싶으면 네가 들어가서 확인해보렴." 그날 저녁 저는 눈을 좀 붙이려고 집으로 돌아갔습니다. 그런데 아버지는 나탈리가 집에 왔고, 내일 "날 교회에 데려가려고" 다시 올 거라는 얘기를 어머니에게 했답니다. 그리고 다음 날 아버지는 세상을 떠났죠. 죽음을 앞둔 며칠 동안 아버지는 계속 천장을 보면서 두 팔을 벌리고 마치 지금까지 본 것 중 가장 아름다운 광경을 보았다는 듯 "와!"하며 탄성을 지르곤 했습니다.

그다음엔 삼촌이 세상을 떠났고, 이어서 지금의 시어머니가 세상을 떠났지요. 두 분의 임종은 지키지 못했습니다. 조금 뒤, 저에겐 어머니나 다름없던 제인 고모가 세상을 떠났습니다. 고모 딸과 저는 몇 주 동안 거의 매일 함께 있었습니다. 고모는 알츠하이머와 파킨슨병 그리고 두 종류의 암에 걸린 상태였습니다. 고모는 저를 알아보지 못했어요. 돌아가시기 전 1년여 동안은 아들과 딸도 알아보지 못했고, 고모부와 결혼했다는 사실조차 기억하지 못했습니다.

세상을 떠나기 전날, 고모 딸과 제가 병실로 찾아갔습니다. 놀랍게도 고모는 옷을 차려입고 의자에 앉아 미소를 짓고 있었습니다. 우리가 들어서자마자 고모가 이야기를 시작했습니다. 고모는 마리오(저의 아버지)와 토니(저의 삼촌)가 찾아왔다면서 내일 다시 오기로 했다고 말했습니다. 며칠 전 우리가 사진을 보여주었을 때만 해도 누군지 알아보지 못했는데 말입니다. 그로부터 세 시간 동안 고모는 쉴 새 없이 얘기를 했습니다. 몇 달 전 그 병원에 처음 들어간 이래 얘기를 한 건 그때가 거의 처음이었습니다. 정신도 맑았고 더 이상 혼란스러워하지도 않았으며, 우리가 이해할 수 있는 살아온 얘기를 했습니다. 그제야 기억난 남편 얘기도 했지요. 세 시간에 걸친 이야기를 통해 고모는 우리 미래에 대한 메시지를 남겼습니다. 우리에게 다 괜찮을 거라고 말하고는 침대로 가겠다고 했습니다. 그와 거의 동시에 고모의 머릿속은 다시 흐릿해졌습니다. 우리는 집으로 돌아가면서 어쩌면 그것이 고모의 마지막 '분출'이었을지도 모른다는 이야기를 했죠.

다음 날 아침 눈뜨자마자 바로 오라는 연락을 받았는데, 도착하니 고모는 이미 세상을 떠난 뒤였습니다. 병실에 들어가 보니 고모의 얼굴은 너무도 평화롭고 거의 미소를 머금고 있는 듯했습니다. 예전 시어머니의 마지막 모습과는 너무도 다른 표정이었죠.

이런 여러 차례의 죽음을 겪고 나서 저에게 이상한 일들이 일어나기 시작했습니다. 어떤 사람은 '계시'라고 얘기하는데 저는 어떻게 받아들여야 할지 모르겠고, 제정신이 아니라고 생각할까 봐 누구에게도 얘기하지 않았어요. 제게 일어난 많은 일이 문자 그대로 제 뇌리에서 떠나지 않았습니다. 지난 토요일에는 조카와 함께 생일 카드를 사려고 타깃 쇼핑몰에 갔습니다. 조카는 카드를 사기 위해 오른쪽으로 갔지만, 저는 선생님의 책이 있는 곳까지 멈추지 않고 쭉 걸어갔습니다. 왜 그 앞에서 멈추었는지는 저도 모르겠어요. 선생님의 책과 그 옆에 꽂혀 있던《천국에서 깨어나다 Waking up in Heaven》를 집어 들고 그 자리에서 두 권을 다 읽었습니다. 더 이상 제가 미쳤다는 생각이 들지 않았어요. 그 책을 읽고 마음이 아주 편안해졌습니다. 한동안 경험하지 못한 편안함이었습니다. 그제야 모든 게 납득이 가더군요.

얘기가 길어졌네요. 시간을 많이 빼앗아 죄송합니다. 선생님의 책이 제 삶을 여러모로 변화시켰다는 말씀을 드리고 싶었어요. 이런 일들이 실제로 일어나고 있는데, 제가 왜 밖으로 나가 알아볼 생각을 하지 못했는지 모르겠네요. 그럴 생각을 하지 못했어요. 사람들이 제가 미쳤다고 여길까 봐 이 이야기를 혼자만 간직하고 있었습니다. 선생님의 이야기와는 다르지만, 선생님의 의사 친구분이 아버지와의 경험에 대해 한 이야기는 제 경우와 일치합니다. 저는 무언가가, 혹은 누군가가 저를 선생님의 이야기로 이끌었다고 진심으로 믿고 있으며, 또 앞으로도 믿을 생각입니다. 선생님의 이야기를 들려줘서 감사하고, 과학적으로 이런 일들이 일어날 수 있으며 또 일어나고 있음을 설명해주신 것 또한 감사합니다. 앞으로도 하느님이 이븐 알렉산더 박사님을 축복해주시기를 바라며, 기도 속에서 선생님을 항상 기억하겠습니다.

진정 어린 솔직함이 너무도 인상적인 이런 편지를 통해 나는 수많은 사람이 하디에게 그리고 그 이전에 제임스에게 했던 말을 듣고 있다. 이런 체험은 듣는 사람이 어떻게 받아들일지 걱정되어 설명하기 어렵기도 하지만, 어떻게 말로 표현해야 할지 몰라 어렵기도 하다. 어렵긴 해도 그들은 결국 적절한 단어를 찾았고, 글로 풀어냈다. 수많은 사람이 하디에게(그리고 나에게) 이 얘기를 하지 않을 수 없었다고 말했다.

하디에게 이렇게 설명한 사람도 있었다.

40년 가까이 비밀에 부쳐온 제 경험을 글로 쓰기로 결심했습니다. 그 당시 제 나이는 열여섯이었고, 늘 혼자 산책을 하곤 했습니다. 어느 날 저녁, 여느 때처럼 혼자 숲으로 가기 위해 길을 걷고 있었습니다. 딱히 기분이 좋았거나 슬펐던 건 아니고, 그저 평범한 날이었어요. 무언가를 '찾고' 있던 것도 결코 아니고, 그저 여유를 즐기기 위해 산책을 하고 있었습니다. 아마도 8월이었던 것 같습니다. 옥수수가 익어가고, 여름 드레스에 샌들만 신었으니까요. 거의 숲에 이르렀을 때 저는 옥수수밭에서 걸음을 멈추었습니다. 옥수수 이삭을 만져보려고 두어 발짝 걸어가서 산들바람에 흔들리는 옥수수 이삭을 바라보았습니다. 그러다가 옥수수밭 가장자리를 보았지요. 당시에는 울타리가 있었습니다. 그리고 울타리 뒤 마을 쪽으로 키 큰 나무들이 있었지요. 태양이 제 왼편으로 내리쬐고 있었기에 눈이 부시진 않았습니다.

그때 잠시 공백이 있었습니다. 시간이 얼마나 흘렀는지는 모르겠어요. 왜냐하면 그 상태를 벗어나서야 비로소 정상 기능을 하는 의식 상태로 돌아왔기 때문입니다. 주위가 온통 마치 서리 앉은 눈밭에 내리쬐는 햇살처럼, 수백만 개의 다이아몬드처럼 희고 환하고 반짝이는 불빛으로 가득했지요. 옥수수밭도, 나무도, 하늘도 없고, 온 세상에 빛만 가득했습니다. 평상시처럼 눈을 뜨고 있긴 했지만, 그 눈으로 보는 게 아니었어요. 아주 짧은 순간이었는데, 그렇지 않았다면 아마 쓰러졌을 거예요. 그 느낌은 도저히 믿을 수 없었지만, 그날 이후 그 환희의 순간과 견줄 수 있는 경험은 단 한 번도 없었습니다. 더없이 행복하고, 희망적이고, 입이 딱 벌어질 정도로 경이로웠습니다.

그러다가 어느 순간 나무 꼭대기가 시야에 들어오더니 하늘의 일부가 보이고, 서서히 빛이 사라지면서 옥수수밭이 눈앞에 펼쳐졌습니다. 저는 한동안 그 자리에 서서, 다시 한 번 그 경험을 해보려고 여러 차례 노력했지만 그날 한 번뿐이었습니다. 하지만 마음속 깊은 곳에서 저는 알고 있습니다. 제가 본 것이 아직도 그곳에 그리고 여기에, 우리 주위에 항상 있다는 것을. 저는 천국이 우리 안에 그리고 우리 주위에 있다는 것을 알고 있습니다. 이 멋진 체험을 통해 저는 무엇과도 견줄 수 없는 행복을 느꼈습니다.

The MAP
of
HEAVEN

우리는 생명의 기적 속에서, 나무들 속에서, 꽃과 새들 속에서 신을 봅니다. 저는 신이 사람인 양 분노했다거나 하는 식의 이야기를 들을 때마다 미소를 짓습니다. 제가 신을 보고 느꼈음을 알고 있고, 의지할 수 있는 내면의 바위가 있음에 겸손한 마음으로 감사드립니다.

이 이야기를 쓰긴 했지만 아무에게도 말하지는 않았습니다.[•]

하디의 응답자들이 했던 경험 역시 똑같이 단순했지만 파급력은 컸다. 다음은 또 다른 여성의 글이다.

남편이 1968년 9월 6일 세상을 떠난 후, 저는 1년 가까이 극도로 우울한 상태로 지냈습니다. 그 어떤 것도, 정말이지 그 어떤 것도 절 위로하지 못했습니다. 어느 날 아침, 우울해서 무기력한 상태로 욕조에 앉아 있는데, 불현듯 지금껏 한 번도 보지 못한 환한 황금빛 불빛이 머릿속에 떠올랐습니다. 불빛 아래쪽에는 핀의 머리 크기만 한 조그만 점이 있었습니다. 몇 분 동안 저는 무척 겁에 질렸습니다. 그러다가 마침내 그 점이 제 남편이라는 사실을 깨달았습니다. 저는 남편을 소리쳐 불렀고, 그 아름다운 황금빛 불빛은 서서히 잦아들었습니다. 그 뒤로는 불빛을 한 번도 보지 못했습니다. 제게 일어난 일은 이게 전부이지만, 이 일로 엄청난 마음의 평화를 얻었고 다 잘될 거라는

• 맥스웰과 추딘, 《보이지 않는 것을 보다Seeing the Invisible》.

확신이 들었습니다. 또 이 경험으로 제 믿음이 훨씬 더 강해졌다고 생각합니다.[•]

좀 더 높은 차원의 세계를 엿보고 나면 그리고 그 세계가 우리에게 불어넣는, 우리 삶의 여러 가지 요소로 인해 그동안 잊고 살았던 한층 심오한 소속감을 깨닫게 되면 다양한 체험이 우리를 다시 그 세계와 접촉하게 만든다. 사람들이 좋아하는 모든 일은, 왜 좋아하는지 설명조차 할 수 없는 모든 일은 다양한 체험이 우리를 그 세계와 다시 연결해주어서 기분이 좋아지기 때문이다.

나는 서핑을 하지 않지만 두 아들은 서핑을 즐긴다. 나는 사람들이 서핑하는 모습을 보았고, 서퍼들이 하는 얘기를 들었다. 그 스포츠의 가장 신비로운 점은 이 세계를 초월한 영역과의 강렬한 재회임을 나는 알고 있다. 훨씬 더 역동적이고, 훨씬 더 생명력 넘치고, 많은 것을 느낄 수 있는 영역. 나는 스키를 즐긴다. 스키를 타는 사람이라면 가파른 내리막길을 내려올 때의 기분을 알 것이다. 그 순간 마음속 깊은 곳에서 깨어나는 무언가가 있다. 그것은 육체적 경험이지만, 한편으로는 육체적 경험 이상의 그 무엇이다.

스카이다이빙할 때의 기분도 상당히 흡사하다는 것은 말할 필요도 없다. 내가 젊은 시절 그토록 스카이다이빙에 열광했던 것은 천

• 앨리스터 하디, 《인간의 영적 본질》.

국에 대한 갈망의 가장 강력한 증거였음을 지금은 알고 있다. 비록 그때는 그런 생각을 하지 못했지만 말이다.

운동선수들이 쓰는 용어 하나가 — 물론 우연찮게도 마약중독자들 역시 쓰고 있는 용어이지만 — 이 시점에서 아주 중요한 의미를 지닌다.

희열rush!

의사로서 나는 인간의 몸이 자연적으로, 혹은 인위적으로 반응할 때 뇌에 어떤 변화가 일어나는지 알고 있다. 우리가 몸으로 체험하는 모든 일은 뇌의 신경 활동을 통해 육안으로 관찰할 수 있으며, 비행기에서 뛰어내리거나 강력한 마약을 흡입했을 때 느끼는 희열은 기본적으로 뇌의 같은 부위를 자극한다.

이 대목에서 저지르는 실수는 신경 활동을 관찰하면서 의식의 체험 전체를 그것으로 설명하려는 것이다. 육체 안에 존재하는 동안 우리는 두뇌를 통해 삶을 체험한다. 두뇌는 '이곳'(육체)과 '저곳'(육체를 초월한 광활한 세계) 사이에 존재하는 일종의 개폐소이다. 하지만 그렇다고 해서 두뇌가 우리 의식 체험의 원인이라고 말할 수는 없다. 실제 상황은 그보다 훨씬 복잡하다. 우리의 두뇌와 의식은 끊임없이 서로 교감한다. 두뇌는 우리를 살아 있게 하려 노력하고, 해로운 것을 피하려 노력하고, 완벽한 통제권을 획득하려 노력하고, 물리 세계를 초월한 세계로부터 직접 들어오는 것들에 우리의 주의가 분산되지 않도록 노력한다.

마약중독자가 마약을 통해 기분이 좋아진다면, 그 사람은 육체의 두뇌가 우리 생존과 관련한 데이터에 대한 집착으로 우리에게 행사하는 통제권으로부터 어느 정도 해방되는 것이다. 마약중독자가 느끼는 희열과 서퍼 또는 스카이다이버가 느끼는 희열은 모두 우리 육체가 포용할 수 있는 범위를 초월한 순간적 상승이다. 단, 마약중독자의 경우 그러한 해방감을 얻는 방법이 일종의 속임수라는 게 문제이다. 두뇌는 의식에 대한 통제권을 포기하도록 **강요당하고**, 약 기운이 떨어지면 중독자는 육체의 한계 속으로 더 깊이 추락한다. 맨땅에 세게 부딪치고, 그런 식으로 떠났다가 돌아올 때마다 영혼과 육체 모두에 해를 입힌다. 해방감을 자연스럽게 얻을 기회와 멀어지는 것은 말할 것도 없다. 지상에서는 모든 희열이 결국 끝나게 마련이다. 그러나 저 위에서는 끝나지 않으며, 그 느낌이 지속된다. 지상에서의 지속적인 희열은 이내 악몽으로 변하곤 한다. 따라서 지속적인 희열이 어떤 기분일지 우리 관점에서 상상하는 것은 사뭇 불가능한 일이다. 하지만 그렇다고 해서 사실이 아니라고 말할 수는 없다.

하디가 수집한 수많은 자료 중 상당수가 어린 시절 겪은 체험의 회상이었다. 때로는 60~70년 전의 일도 있었다. 그러나 응답자들에게 그 기억은 마치 며칠 전에 일어난 일처럼 생생했다.

이것은 그 자체만으로 시사하는 바가 상당히 크다. 왜냐하면 어린 시절에는 대체로 보이지 않는 세계가 있다는 개념을 편안하게 받아들이기 때문이다. 따분한 어른들의 세계와 타협해가면서도 우리는 보이지 않는 것들과 함께 살았다. 그러나 우리는 세상에 속지 않았다. 슈퍼맨 망토를 두르던 내가 그랬던 것처럼 그때 우리는 어느 쪽이 더 중요한 세계인지 너무도 잘 알고 있었다.

그러다가 어느 순간 흥미롭게도 – 대체로 일곱 살에서 여덟 살 정도의 나이에 – 그러한 교감은 중단되고 만다. 소통은 단절되고, 그때부터는 하루하루 어른 세계의 규칙이 지배한다. 스코틀랜드의 시인 에드윈 뮤어는 이런 글을 남겼다.

> 아이는 인간 존재에 대해 독특한 그림을 갖고 있는데, 그것을 한번 잃어버린 뒤에는 아마도 영원히 기억하지 못하는 것 같다. 그 그림은 바로 이 세계에 대한 최초의 통찰이다. 나는 이런 그림 혹은 통찰을 땅, 땅 위의 집, 모든 인간의 삶이 그들 위를 아치 모양으로 두르고 있는 하늘과 연결된 상태라고 본다. 마치 하늘은 땅에 맞추어지고 땅은 하늘에 맞추어지는 것처럼. 어떤 꿈들은 내게, 아이들이 그런 통찰을 갖고 있으며, 통찰의 세계는 아이들이 앞으로 깨달을 그 어떤 세계보다 모든 것이 서로 완벽한 조화를 이루고 있다는 확신을 준다.[*]

어린 시절은 지상과 천국이 여전히 본질적으로 통합된 시기이다. 그 이후 우리가 성장하면서 그 둘은 차츰 멀어진다. 때로는 조금, 때

---

* 에드워드 로빈슨, 《최초의 통찰The Original Vision》.

로는 많이. 그러나 그 둘이 아무리 멀어진 것처럼 보여도 우리는 천국이 가까이 있다는 암시를 보거나 천국을 살짝 엿본다. 때로는 그 이상을 체험하기도 한다. 하디의 동료이던 에드워드 로빈슨은 어린 시절 영적 체험의 순간을 묘사한 어느 응답자의 말을 이렇게 인용했다.

> 마치 무언가가 저한테 말하는 것 같았어요. 이 사실에 대해 결코 의심을 품지 말라고. 그리고 전 절대 의심을 품어서는 안 된다는 걸 느꼈어요. 그 일이 제게 일어난 모든 일 가운데 가장 실제 현실이었다는 걸 알았지요.[*]

로빈슨은 자신의 저서에서 또 다른 응답자의 이야기를 인용했다.

> 만약 그게 환영이었다면, 왜 제가 그걸 가장 생생한 실제 경험으로 기억하고 있을까요? 마치 더듬거리며 성냥을 찾다가 전류가 흐르는 전선을 만진 것 같았어요.[**]

윌리엄 제임스 같은 학자처럼 19세기 후반의 고전주의자 프레더

● 에드워드 로빈슨, 《최초의 통찰》.
●● 에드워드 로빈슨, 《최초의 통찰》.

릭 W. H. 마이어스, 20세기 중반의 올더스 헉슬리는 두뇌가 의식의 '감압밸브' 역할을 한다는 확고한 증거를 제시했다. 우리가 두뇌 밖에 있을 때, 두뇌 안에 있을 때보다 더 많이 안다는 것이다. 다음은 또 다른 응답자가 하디에게 쓴 글이다.

> 저는 어릴 때부터 보통 사람들이 생각하는 것처럼 이 세상의 실체는 이 세계에서 찾을 수 없을 거라는 생각을 했습니다. 내면에서 의식의 수면 위로 떠오르려고 부단히 애쓰는 어떤 힘이 있는 것 같았습니다. 인간의 이상은 그 힘을 효율적으로 포용하기 위한 상징을 만들어내려고 끊임없이 노력하지만, 매번 실패로 끝나고 말지요. 마치 위대한 진리와 우연히 마주친 것처럼 자신을 둘러싸고 있는 상황에 대한 강렬한 깨달음에서 오는 순수한 기쁨의 순간이 있습니다. ……때로는 우리 육체의 두뇌가 그 사실을 포용할 정도로 크지 않은 것처럼 느껴지기도 합니다.●

'두뇌가 의식을 만든다'는 단순화한 개념에 여전히 매료된 사람들, 두뇌 신피질 손상이 오히려 내 의식을 활성화시켰다고 말할 때마다 움찔하는 사람들에게 나는 뇌가 의식을 만든다는 단순한 가설에 어긋나는 두 가지 흔한 임상적 현상을 일깨워주곤 한다.

● 에드워드 로빈슨, 《최초의 통찰》.

첫 번째는 임종 시의 명석함-terminal lucidity이고, 두 번째는 후천적 서번트 증후군 acquired savant syndromes이다. 임종 시의 명석함은 치매 노인들이 죽음에 임박했을 때 놀라운 인지·기억·통찰·회상 능력을 보이는 현상을 말하는데, 이미 세상을 떠난 이들의 영혼이 그들을 영적 세계로 데려가기 위해 기다리고 있음을 완전히 자각하고 있는 시기인 경우가 많다. 서번트 증후군은 자폐나 두부 손상 혹은 뇌졸중 같은 일종의 뇌 손상으로 초능력을 보이는 증상을 말하는데, 탁월한 계산 능력, 직관, 음악성을 보이거나 숫자·이름·날짜 혹은 시각적 장면에 대한 완벽한 기억력을 보이기도 한다. 우리가 알고 있는 단순화한 뇌신경 개념으로는 이러한 특별하고도 반직관적 현상을 설명할 수 없다.

내 여행의 미스터리 속으로 더 깊이 빠져들수록 나는 우리의 의식이야말로 누구나 그 존재를 확신할 수 있는 유일한 것임을 깨달았다. 내가 수십 년 동안 연구해온 신경과학은 우리가 세상에 태어나기 이전부터 지금까지 경험한 **모든 것**은 인간의 두뇌라고 알고 있는 엄청나게 복잡한 3파운드 중량의 젤리 같은 덩어리 속에서 1,000억 개의 뉴런이 일으키는 전기화학적 운동(빈도, 진동)일 뿐임을 우리에게 일깨워주곤 했다.

오늘날 의식에 관한 과학적 접근을 시도하는 버지니아대학의 신경 센터인 인지연구소Division of Perceptual Studies, DOPS에서는 에드 켈리, 에밀리 윌리엄스 켈리, 부르스 그레이슨을 비롯한 연구원이

19세기 초반 마이어스와 제임스 같은 학자들의 방대한 연구를 부활시켜 대중에게 알리려 노력하고 있다. 이 얇은 책에 담긴 내용이 당신 마음에 불을 붙였다면, 그래서 조금 더 깊이 들어가고 싶다면 방대하지만 당신의 인생을 바꾸어줄 연구 《환원 불가한 마음: 21세기 심리학을 향하여Irreducible Mind: Toward a Psychology for the Twenty-first Century》를 읽어볼 것을 권한다. 인지연구소가 과학자들의 모임이기 때문에 그들이 집필한 이 책은 아주 길고 상세하다. 그들은 뇌가 죽은 뒤에도 의식은 살아남는다는 개념과 관련한 통상적 거부감에 대해 상세하게 답변한다.

인간으로서 우리는 그동안 우리의 잠재력에 대한 상상을 말살시켜왔다. 우리는 자신이 누구이고 어떤 존재인지 이제 막 이해하기 시작했다. 육체는 우리의 초기 모습인 우주적 존재로서 단서를 수없이 지니고 있다. 모든 것이 협력하며 일할 때 육체는 우리의 영적 실제의 닻이자 연막일 뿐 아니라, 이러한 능력을 지상으로 끌어오는 도구가 된다. 천재나 영재로 검증된 아이들에게서 볼 수 있듯 인간의 두뇌 역시 마찬가지이다. 분명히 말하는데, 우리가 지상 세계를 체험하고 있는 영적 존재인 데는 이유가 있다. 우리는 배우기 위해 지상 세계에 왔지만, 그 배움을 달성하기 위해 우리가 알고 있는 것보다 훨씬 더 훌륭한 도구를 가지고 왔다. 물질세계에서 우리의 모험은 단순한 시험이 아니고, 처벌은 더더욱 아니다. 우주 자체의 전개이며, 진화의 한 챕터이다. 왜냐하면 우리는 하느님의 훌륭한 실험이고, 하느님의 소망은 우리 인간의 상상력을 거의 무한대로 초월한 수준으로 우리에게 투사되기 때문이다.

30년 전 하디에게 응답했던 사람들과 내가 매일 만나고 얘기하는 사람들은 똑같은 말을 한다. 그것은 본래의 우리 자신에게로 돌아오는 길을 찾으려 애쓰는 진실의 이야기이다. 천국의 진실 그리고 그 안에서 우리의 위상이 지난 몇 세기 동안 우리가 쌓아 올린 부정의 벽을 뚫고 있고, 우리는 다시 그 메시지를 듣고 있다. 우리는 사랑받고 있으며, 천국이 우리 존재를 알고 있고, 우리가 그곳에 속해 있다는 메시지이다.

그런데 저를 엄습해오는 또 하나의 느낌이 있었는데, 지금 생각해보면 그것은 하나의 통찰이었다고 할 수밖에 없습니다. 그와 동시에 저는 당시 느낀 강렬한 진실과 깨달음을 기억합니다. 겉모습 이면에 감춰진 세상의 섭리를 직접 보고 또 알았을 때의 느낌이라고나 할까요. 그런 깨달음의 순간에 제가 요란한 빛깔을 본 것도 아니고, 제 자신이 대단하다는 생각이 든 것도 아니며, 내면의 이상한 울림이 있었던 것도 아닙니다. 그보다는 평범한 세계를 아주 또렷하게 너무도 세세하게 들여다보았고, 그 모든 것이 어우러져 있다는 사실을 알았습니다.•

• 에드워드 로빈슨, 《최초의 통찰》.

하디에게 이 글을 쓴 응답자는 아마도 과학자가 아니었을 가능성이 높다. 그러나 그 응답자의 말은 물리적 차원에서 이 세상의 그 어떤 것도 궁극적으로 다른 것과 분리할 수 없다고 주장하는 현대 물리학자들의 말과 다르지 않다. 본질적 차원에서 분리라는 개념은 이 우주에 존재하지 않으며, 그것은 과학적 관점에서나 심리학적 관점에서나 마찬가지이다.

이러한 교감의 체험은 실제로 겪으면 참으로 강렬하다. 그러나 쉽게 무너진다. 다음은 또 다른 응답자가 하디에게 쓴 글이다.

> 성장 과정에서 저는 사람들이 제가 생각하는 것과 사뭇 다른 세계에 살고 있음을 깨닫고 무척 혼란스러웠습니다. 사람들은 아무런 가책 없이 생명을 죽였고, 꿈을 꾸지 않은 채 잠을 잘 수 있었고, 색깔 없는 꿈을 꾸었습니다. 사람들은 항상 육체 안에 자신이 존재한다고 생각하는 것 같았고, 그들이 보고 듣고 느끼는 것은 실제이며 독립적이고 별개의 진실이라고 믿는 것 같았습니다. 대부분의 사람에게 객관적 세상은 실제인 것 같았고, 주관적 세상은 비현실적이며 존재하지 않는 것 같았습니다.[*]

수많은 고대인에게 입교 의식은 초기 어린아이의 '순수한' 시기,

● 에드워드 로빈슨, 《최초의 통찰》.

곧 영적 세계와 직접적이고 단순하게 연결된 상태가 끝날 무렵 거행된다. 어린 시절에 지닌 본래의 교감과 소속감의 직관을 잃으면, 그 자리에 종교가 들어와 관계를 회복하고 유지하도록 도왔다. 고대 사회에서는 어린아이들이 지닌 우주의 영적 세계와의 깊은 유대를 인식하고 있었다. 고대인은 어른이 되는 과정에서 어린 시절 자연스럽게 체득하는 천국에 대한 지식을 성문화해 다시 잃어버리지 않도록 도와주어야 할 시점을 명확히 알고 있었다.

종교적 삶을 가장 크고 가장 포괄적인 용어로 정리하고자 한다면,
아마도 이 세계에는 보이지 않는 질서가 있으며 우리가 행할 수 있는
최고 선은 우리 자신을 조화롭게 그에 맞추는 것이라는
믿음이라고 말해야 하리라.*

– 윌리엄 제임스(1842~1910), 미국의 철학자 겸 심리학자

말할 것도 없이, 그것이 바로 오늘날의 종교가 해야 할 일이다. 그러나 600여 년 전 아마존 열대우림의 아이들은 물질세계를 여행하는 데 필요한 도구를 갖고 있으면서도 여전히 영적 세계와 연결되어 있었던 반면, 요즘의 아이들은 그렇지 않은 경우가 많다는 것은 참

• 윌리엄 제임스, 《다양한 종교 체험》.

으로 슬프고도 기막힌 현실이다. 기독교를 비롯한 다른 현대 종교를 폄하하려는 것은 아니다. 그러한 종교들이 서로 연계하고 – 나아가 과학과 연계해 – 새로운 통찰을 제시해야 한다는 의미이다. 과학과 종교를 모두 아우를 수 있는 통찰, 우리 아이들에게 영적 세계와 항상 접촉할 수 있는 실제적 방법을 가르쳐줄 수 있는 통찰. 과거의 수많은 문화권에서 그랬던 것처럼 우리는 우리 문화권의 모든 이에게 평생에 걸쳐 황금 실을 잡는 방법을 가르쳐주어야 한다.•

계승자, 완벽한 단어이다. 앞서 언급했듯 물질적 관점에서 우리는 범우주적 존재이다. 바닷물이 문자 그대로 우리 혈관을 타고 스며든다. 왜냐하면 피는 기본적으로 소금물과 동일하고, 동물로서 우리의 육체는 그것으로부터 발전한 것이기 때문이다. 마찬가지로 우리 뼈를 구성하는 칼슘 원자와 우리 몸의 18%를 차지하는 탄소는 수십억 년 전 고대 항성의 중심에서 생성된 것이다. 그 항성이 추락해서 백색왜성이 되고, 초신성으로 다시 폭발하고, 그 원자들을 우주에 뿌리고, 우주에서 다른 복잡한 원소들과 만나 지구 같은 행성은 물론, 그 행성에서 살아 움직이는 모든 생명체의 육체를 만든다.

그러나 우리는 또한 영적 존재이며 천국의 계승자이다. 우리의 물질적 유산과 정신적 유산은 별개의 것이 아니며, 카두케우스를 휘감

• 이것이 바로 내가 세이크리드 어쿠스틱스 Sacred Acoustics 와 함께 누구나, 특히 젊은이들이 실천할 수 있는 영적 수행법을 개발하기 위해 노력해온 이유 중 하나이다.

은 쌍둥이 뱀처럼 서로 얽혀 있다. 아리스토텔레스의 관점에 따라 '밖'에서 보면 우리는 흙으로 빚어졌다. 그러나 플라톤의 입교 의식 관점에 따라 '안'에서 보면 10세기 페르시아의 어느 신비주의자가 천국의 흙이라고 불렀던 하늘의 점토로 빚어졌다. 우리는 그 두 세계에 모두 속해 있다.

제 6 장

기쁨이라는 선물

환희의 순간이야말로 우리의 진정한 존재가 가장 선명해지는 순간이다.*
– 메다난다(1937~), 독일의 힌두교 신비주의자

이 세계 위의 세계에는 감정과 육체적 차원을 넘어선 온기, 그리고 내가 말로 표현할 수 있는 범위를 훨씬 넘어선 여러 성분이 넘쳐흐르고 있다. 그러나 이것만은 분명히 말할 수 있다. 나는 당시 그런 것들을 맞이할 준비가 되어 있었다. 그 모든 것이 눈부신 새로움과 신선함으로 엄습해왔지만, 역설적이게도 친근하게 느껴졌다. 나는 전에 그런 감정을 느껴본 적이 있다. 이븐 알렉산더로서가 아니라 이 특정한 육체를 지닌 존재로 오기 훨씬, 훨씬 이전의 영적 존재

• 메다난다, 《무한의 바닷가에서 메다난다와 함께 With Medhananda on the Shores of Infinity》.

로서 말이다. 지금 내 육체를 구성하고 있는 지상의 원소들이 제 갈 길로 사라지고 나면 나는 다시 그곳으로 돌아갈 것이다.

그러나 저 위의 세계는 막연하지도 모호하지도 않다. 그 세계는 뼛속 깊이 아프도록 생생하고, 프라이드치킨 한 바구니나 자동차 후드의 광택 혹은 당신의 첫사랑만큼만 추상적이다. 그것이 바로 스베덴보리 같은 사람들이 되살려낸 천국의 묘사가 완전히 미친 소리처럼 들리는 이유이다. 내가 쓴 글이 얼마나 미친 소리처럼 들리는지 나 역시 너무나 잘 알고 있고, 그런 이유로 고충을 겪는 사람들의 심정도 이해한다. 세상의 수많은 일이 그렇듯 자신이 직접 보기 전에는 황당하기 짝이 없는 얘기이다.

저 위 세계에는 나무가 있고, 들판이 있으며, 동물과 사람, 물도 있다. 엄청나게 많은 물. 그 물은 강이 되어 흐르고 비가 되어 내린다. 굽이쳐 흐르는 강의 수면 위로 물안개가 피어오르고, 그 밑으로 물고기가 헤엄쳐 다닌다. 추상적인 물고기도, 수학적인 물고기도 아니며, 진짜 물고기이다. 당신이 보았던 물고기처럼 실제이고, 그보다 훨씬, 훨씬 더 실제이다.

그곳의 물은 지상의 물과 닮았다. 그러나 지상의 물이 아니다. 그 물은 – 이렇게 표현해봐야 한참 못 미치고, 그러면서도 한편으로는 너무도 정확하겠지만 – 단순한 지상의 물 이상의 물이다. 그것은 근원에 가까운 물이다. 굽이치는 강줄기의 상류, 강이 시작되는 샘에 한층 가까운 물처럼 그 강물은 너무나 친근한 물이다. 너무나 친근해서 그 물을 보는 순간 지상에서 보았던 가장 아름다운 강들이 바로 이 강을 연상시키기 때문에 아름답다는 사실을 깨닫는다. 강물은 그 세계에 있는 다른 모든 것처럼 살아 있고, 당신을 끌어당긴다. 당신의 시선은 그 속을 여행하고 싶어 한다. 더 깊이, 계속해서, 영원토록 여행하고 싶어 한다. 그 물은 캐롤라이나 해변에서 서부 강들에 이르기까지 내가 본 지상의 온갖 종류 물을 합쳐놓은 것이다. 지상의 강들을 마치 여동생처럼 어딘지 부족하게 보이도록 만드는 강이다. 내 마음 깊은 곳에서, 강이라면 이 정도는 되어야 한다고 늘 생각해온 바로 그런 강이다.

그렇다고 해서 내가 지상에서 보고 즐겼던 바다와 강과 호수와 뇌우를 비롯한 온갖 형태의 물을 폄하하는 건 절대 아니다. 단지 지상 세계 모든 자연의 아름다움을 새로운 관점으로 바라보게 된 것처럼 물 역시 새로운 관점으로 보게 되었다는 얘기를 하는 것이다.

저 위로 올라가면, 쉽게 말해 모든 게 그대로 있다. 단지 조금 더 현실적일 뿐이다. 덜 빼곡하지만, 그러면서도 더 강렬하고, 더 분명하게 **거기에** 존재한다. 사물과 풍경과 사람과 동물은 생명력과 빛깔을 발산한다. 저 위의 세계는 이 세계처럼 광활하고 다채로우며 사람들이 살고, 이곳과 저곳이 다르다. 다만, 무한대로 그렇다. 하지만 그 광활한 다채로움 속에는 이 세계의 특징인 타자성 otherness이 없다. 이 세계에서는 어떤 한 가지가 주위의 다른 것들과 직접적으로 연결되어 있지 않다. 하지만 그 세계에서는 어떤 것도 고립되어 있지 않고, 어떤 것도 소외되어 있지 않으며, 어떤 것도 단절되어 있지 않다. 모든 것이 하나이지만 어떤 식으로든 동질성을 암시하지 않는 하나이다. 모든 것이 서로 어우러져 있기 때문이다. 작가 C. S 루이스는 신의 유일성을 우리 마음속에서 커다랗고 밍밍한 타피오카 푸딩으로 형상화해선 안 된다고 멋지게 표현한 바 있다. 이것은 그런 식의 유일성이 아니다.

단 한순간만이라도 그 세계를 경험하면, 갑자기 밀려드는 진실의 기억과 함께 마음이 찢어진다. 그러면서도 한편으로는 마음이 치유된다. 왜냐하면 당신이 어디에서 왔고, 누구이며, 어디로 가고 있는지에 대한 기억이 되살아나기 때문이다. 당신은 동굴 밖 세상을 엿본 것이고, 그 순간 모든 것이 영원히 달라져버린다.

임사 체험을 묘사할 때 자주 사용하는 초실제ultra-real라는 단어는 여기서 상당히 중요한 개념이다. 병원에서 퇴원할 때, 나는 대학에서 신경과학을 전공하는 내 아들 이븐 4세에게 이렇게 말했다. "그건 실제라기엔 너무나 실제였어!" 인간이 기억을 회상할 때마다 왜곡의 위험이 수반된다는 사실을 알고 있던 아들은 내게 임사 체험, 물리학, 우주론에 관한 글을 읽기 전에 내 혼수상태의 여정을 글로 써볼 것을 권했다.

그로부터 8주 뒤 3,000단어 이상을 쓰고 나서야 나는 임사 체험에 관한 자료를 찾아보기 시작했다. 임사 체험자 중 절반 이상이 그 세계가 이 세계보다 훨씬 더 실제 현실 같았다고 기술한 사실이 놀라웠다. 그 세계에 대한 기억을 깊이 묻어버린 회의적 물질주의자에게는 전달하기 힘든 개념이지만, 그곳에 다녀온 사람들은 너무도 공감하기 쉬운 개념이었다. 지상에 바탕을 둔 언어의 한계를 감안할 때, 지상이 아닌 세계에 관한 토론은 종종 지극히 제한적일 수밖에 없는 이 세계의 언어를 초월한 것이 되곤 한다.

이렇듯 심오하고 초월적 임사 체험의 기억에서 흥미로운 대목이 있다면, 충격적일 정도로 초실제적 경험이라는 것 외에도 그 기억이 지속되고 삶을 변화시킨다는 점을 들 수 있다. 그 체험의 기억은 인간의 두뇌에서 파생되는 대부분의 다른 기억처럼 흐릿해지지 않는다. 강연이 끝나면 사람들은 내게 다가와 무려 70여 년 전에 체험한 일을 상세히 들려주곤 한다. 마치 어제 일어난 일이라는 듯이.

임사 체험에 관한 자료는 물론이고 사후 세계를 다룬 문학이나 수천 년 전의 종교적 신비주의자와 예언자의 글을 읽다 보면, 수많은 임사 체험 속에 나타나는 심오한 유사성을 상세히 기술하고 있다. 너무도 많은 사람이 모든 존재의 근원에 있는 똑같이 놀랍고 무한한 사랑에 대해 설명하려 애쓰고 있다. 나무를 보느라 숲을 보지 못하는 회의론자도 있다. 그들은 소소한 것 속에서 길을 잃고, 오류를 증명하기 위해 차이를 비교하는 데 혈안이 되어 문화·믿음·대륙·시대를 초월한 심오한 공통성을 놓치고 만다.

그 세계는 이 혼탁하고 몽롱한 물질세계보다 훨씬 더 실제 현실이다. 두 세계 사이에 드리워진 장막은 우리보다 훨씬 더 위대한 지능에 의해 설계되었으며, 그 장막이 그곳에 드리워진 데는 이유가 있다. 나는 우리 인간이 지상 세계에서 조건 없는 사랑, 연민, 용서, 수용의 교훈을 배우도록 만들어졌다고 믿는다. 우리의 영원한 영적 본질에 대한 깨달음은 밤이면 달이 뜨는 것처럼 자명하지 않다. 우리 삶의 가장 중요한 교훈을 온전히 이해하는 능력은 결국 생과 생의 사이, 우리의 숭고한 영혼이 지니고 있는 좀 더 완전한(그러나 제한된) 깨달음이 일부 가려져 있음으로써 발휘할 수 있는 것이다.

어떻게 그럴 수 있는가? 어떻게 이 세계에 있는 것과 비슷한 사물과 상황과 존재를 실제로 만날 수 있는 또 다른 세계가 있을 수 있는가? 이것을 이해하는 가장 쉬운 방법은 수많은 고대 전통에서, 특히 고대 페르시아 신비주의자들이 사용한 우주의 스케치를 보는 것이다. 이 스케치 혹은 지도에서는 우주를 바닥이 넓고 위는 뾰족한 공간으로 묘사한다. 마치 마법사의 모자처럼. 바닥에 놓인 그런 모자를 상상해보라. 아랫부분, 모자가 덮고 있는 바닥의 평평하고 동그란 땅이 지상 세계다. 이번에는 모자 안에 여러 개의 층이 있다고 상상해보라. 위로 올라갈수록 바닥은 점점 더 좁아진다. 비록 극도로 단순화하긴 했지만 영혼이 영적 세계로 올라갈 때 일어나는 일을 상당히 명확하게 묘사하고 있다. 이 세계는 우리가 올라갈수록 좁아지는 것이 아니다. 오히려 점점 더 광활해지고, 우리가 있는 곳에서 설명하는 게 점점 더 불가능해진다. 그러나 공간적 개념으로 보면 그 세계는 좁아진다. 왜냐하면 지상 세계와 같은 공간 개념이 존재하지 않기 때문이다. 공간이라는 개념이 한낱 환상에 불과하다는 게 한층 분명해지기에 공간은 덜 중요해진다.

이러한 보다 높은 세계 속에서 우리는 벨의 정리를 직접 체험한다. 우주에서 서로 반대편 끝에 있는 두 개의 입자는 시간 차 없이 즉시 교감할 수 있다는 벨의 정리는 추상적으로 훨씬 더 많은 의미를 담고 있다. 바로 우주는 **하나**라는 것이다.

이 세계 위의 세계는 광활한 공간으로 가득하다. 지상에서 가장 광활하고 웅장한 풍경마저 왜소하게 만들어버리는 그런 광활함이다. 그 공간은 우리가 지상 세계에서 익숙했던 수많은 사물과 존재로 가득 차 있다. 그것은 실제이다. 그러나 그것들이 존재하는 곳은 이 세계보다 훨씬 높은 차원의 공간이고, 따라서 그 어떤 것도 이곳과 똑같이 움직이지 않으며, 그 상태를 설명하려는 순간 우리는 곤경에 처한다. 그것은 실제이지만 양자 준위quantum level에서 물질 자체가 그렇듯 우리에게 익숙한 방식으로 움직이지 않는다.

고대의 현자들은 우리에게 모자 꼭대기에서 모든 확장성이 사라져버린다고 말한다. 마법사 모자의 뾰족한 끝은 – 우리가 올라갈수록 점점 더 영화靈化하는 – 지상에서의 시간과 공간, 운동의 분류가 사라져버리는 지점이다. 그 너머에는 공간도 시간도 없다. 지상에서 우리가 사용하는 그 어떤 지표도 없다.

우리가 지상에서 알고 있는 것 중 지상을 넘어선 곳에서도 남아 있는 게 한 가지 있다면 사랑이다. 신은 사랑이고, 우리 자신 또한 가장 깊이 파고들면 사랑이다. 이것은 추상적 사랑이 아니다. 그런 것은 존재하지 않는다. 이 사랑은 바위보다 단단하고, 오케스트라보다 웅장하며, 뇌우보다 생명력 넘친다. 가장 약한 자, 가장 순수하고 고통받는 생명처럼 가냘프고 가슴을 울리며 1,000개의 태양처럼 강하다. 이는 우리가 적절히 개념화할 수 있는 진실이 아니고, 우리 모두가 체험할 진실이다.

> 장벽이 무너지고 마음속 장막이 하나씩 걷히기 시작했다. 내면의 중심에서 솟아오르는 행복감을 그 순간 다른 사람들과 나누고 싶었다. 처음엔 가까운 사람들과 나누고 싶었고, 그다음에는 세상의 모든 이, 모든 것을 아우를 때까지 점점 더 넓히고 싶었다. 나는 그 순간 그 모든 사람을 도울 수 있을 것 같은 기분이 들었고, 무슨 일이든 할 수 있을 것 같았다. 내가 전지전능한 존재처럼 느껴졌다. 그런 황홀감은 점점 깊어지고 강렬해졌다. 나는 소리를 지르기 시작했다. 모든 게 다 잘될 것임을 알았고, 모든 것의 바탕에는 선함이 있음을 알았으며, 모든 종교와 과학은 궁극의 진리로 향하는 길임을 알았다.●

이 글을 쓴 하디의 응답자처럼 임사 체험 이후 내가 다시 말을 하고 몸과 두뇌가 제대로 기능하기 시작했을 때, 영적 세계를 설명하

● 앨리스터 하디, 《인간의 영적 본질》.

면서 주로 전달하고자 애쓴 개념 역시 환희의 열정이었다. 내 설명은 최상급 형용사의 나열 형태로 나타났고, 내가 그런 형용사를 되풀이할수록 사람들은 내가 하려는 말을 이해하지 못했다. **아름다운, 기이한, 경탄스러운, 굉장한, 찬란한……**.

어느 날, 내 여행이 실제로 어떤 느낌이었는지 독자들에게 전달하기 위해 프톨레미와 이야기를 나누며 글을 다듬고 있는데, 그가 말했다. "이븐, 아름답다는 표현은 앞으로 말하는 것도, 쓰는 것도 금지야. 이제 그 말은 아무 **효력**이 없어."

나는 그의 말을 완전히 이해했다. 물론 내 강연을 들으러 오는 사람들은 여전히 내가 본래의 악습에서 헤어나지 못하고 있음을 알게 되지만 말이다. 내가 다녀온 세계는 - 그 세계를 설명하려는 모든 노력을 수포로 만들어버리는 것은 물론 - 우리가 지상 세계를 설명할 때 사용하는 일련의 분류를 단숨에 뭉개버리는 세계였다. 사후 세계에서는 느끼고 경험하고 대화하는 방법이 셀 수 없을 정도로 다양하다. 방대한 양의 통찰과 감각의 기억을 지니고 다시 돌아왔을 때는 마치 3차원 세계에 살던 사람이 2차원 세계에 사는 사람에게 무언가를 설명하려 애쓰는 것 같은 기분이 든다(이것은 성직자이자 수학자인 에드윈 애벗이 1884년 소설 《플랫랜드Flatland》에서 제시한 개념으로, 그는 3차원 세계의 여행자가 2차원 세계로 돌아와 친구들에게 자신의 여행을 설명하려 할 때 고충을 느낀다고 했다).

하지만 그 세계의 소식을 전하는 일이 아무리 힘들다고 해도 그 세계를 체험한 사람은 어떻게든 소식을 전해야만 한다. 천국의 묘사야말로 오늘날 우리에게 필요한 양식이다. 저 위의 세상을 공격적이지 않은 겸손한 언어로 지도화하는 것이야말로 우리 자신과 우리가 사는 세상을 치유하는 데 반드시 필요한 일이다. 오늘날 이 세상이 얼마나 많은 회의와 절망으로 가득 차 있는지는 누구나 알고 있다. 당신이 어느 종교의 독실한 신자라면, 그렇지 않은 사람보다는 상황이 나을 가능성이 높다. 그러나 당신이 나처럼 종교와 영적 세계, 과학이 진정한 우주의 모습을 보여주기 위한 동반자적 관계임을 알게 된다면 당신은 지금보다 훨씬 강해질 것이다.

괴테, 페히너, 파스칼, 스베덴보리를 비롯한 수많은 과학자는 스스로에게 영적 사고를 허용함으로써 힘을 얻었다. 그러한 개척자의 내면에서 지상의 외적 자아와 천상의 내적 자아는 예견된 충돌 상황을 넘어 동지가 된다.

이런 상황이 되면 우리는 이 우주에 물질적으로 그리고 정신적으로 심오한 질서가 있음을 깨닫는다. 우리가 마음속에서 느끼는 질서와 의미는 우리가 이 세계 안에서 엿보곤 하는 저 바깥 세계의 질서 및 의미와 같은 것이다. 그 질서를 엿보는 것만으로도 일상 속에서 우리를 이끄는 지배적 감정을 슬픔에서 기쁨으로 변화시키기에 충분하다.

《불가능한 일들의 적용Application of Impossible Things》의 작가 나탈리 수드만은 이라크 전쟁 당시 자신이 타고 있던 험비*가 폭발하는 바람에 임사 체험을 했는데, 역시 누구 못지않게 자신의 체험을 생생하게 잘 기술했다.

불교 신자들은 말한다. "고통은 피할 수 없으나 괴로워하는 것은 선택이다." 내 경험은 처음부터 끝까지 내가 고안한 것임을 이해하고, 유체 이탈 경험을 통해 내 삶이 의미와 가치를 지닌 것임을 확신했으니 고통으로 괴로워할 일은 없다. 피가 뿌려지고 숯이 된 트럭에서 의식을 되찾았을 때에도, 극심한 고통을 느끼며 태아 자세로 침대에 웅크리고 있을 때에도, 마취 기운이 가시지 않아 배 속에 있는 것을 전부 토해낼 때에도(이게 가장 끔찍했다!), 혹은 50년간 앓았던 복시複視**를 생각할 때에도 나는 육체를 이탈해서 너무도 생생하게 경험했던 근본 존재의 환희를 떠올려보곤 한다. 이것은 단순한 행복이 아니다. 행복은 지속적인 내면의 상태라기보다는 환경과 상황에 대한 반응이기 때문이다.

나 또한 내가 처한 상황이나 환경 때문에 좌절하고, 두려워하고, 걱정하고, 짜증 나고, 화나고, 한마디로 전반적으로 불행할 때도 있다. 반면 내가 처한 상황이나 환경으로 인해, 혹은 내가 만든 상황으로 인해 그리고 그 속에서 나 자신의 행동으로 인해 흥미를 느끼고, 호기심을

• 미군이 개발한 다목적 군용 차량.
•• 사물이 겹쳐 보이거나 번져 보이는 증상.

느끼고, 심지어 신이 날 때도 있다. 나도 내가 이 세계에 있다는 사실이 항상 즐겁지 않고, 내가 이 특정한 상황에 처해 있음을 항상 즐길 수는 없다. 그러나 나는 탐험적 체험을 하는 하나의 의식 있는 개인이고, 창의적이며 광활한 개인이라는 근원적 기쁨만은 항상 느끼고 있으며, 그 속에 내재된 유머를 즐긴다.●

나탈리에게 이 기쁨은 사후 세계의 진실을 발견함으로써 찾아왔다. 비록 전혀 다른 상황이지만 시인 윌리엄 버틀러 예이츠가 다음 글에서 묘사한 경험을 통해 얻은 것과 똑같은 깨달음이다.

이제 나는 깨달음이 자아로부터 오는 것임을, 단 오랜 시간 동안 기억된 자아로부터 오는 것임을 안다. 그 기억이 섬세한 연체동물의 껍질과 자궁 속의 어린아이를 만들고, 새들에게 둥지 짓는 법을 가르친다. 천재성은 매몰되어 있던 자아가 어느 순간 소소한 일상의 마음과 결합하는 순간 나타난다.●●

예이츠는 갑작스러운 깨달음의 순간에 익숙하다. 그것은 천국의 불빛 아래 있는 지상을 보는 순간이다. 천상의 세계는 단지 아득한

● 나탈리 수드만, 《불가능한 일들의 적용 Application of Impossible Things》.
●● 윌리엄 버틀러 예이츠, 《윌리엄 버틀러 예이츠 작품집 The Collective Works of W. B. Yeats》.

세계가 아니고, 저 밖 어딘가에 있는 곳도 아니며, 바로 지금, 바로 여기, 너무나 자주 따분하고 평범해 보이는 존재의 직물 속에 함께 짜여 있는 것임을 깨닫는 순간이다.

> 나의 쉰 번째 해가 왔다가 지나가고,
> 나는 앉아 있다. 고독한 자로.
> 북적이는 런던의 찻집,
> 대리석 탁자 위에 놓인
> 펼쳐진 책과 빈 잔.
> 찻집에 앉아 거리를 바라보다가
> 갑자기 내 몸이 달아올랐다.
> 20여 분쯤 되었을까,
> 북받쳐오르는 행복감에
> 나는 축복받았고,
> 또 축복할 수 있었다.*

우리는 어둠의 세계를 서성인다. 그러던 어느 날 사건이 일어난다. 그 사건은 뜻밖의 친절일 수도 있고, 꽃병에 반사되는 한 줄기 빛일 수도 있으며, 다른 세계를 여행하는 완벽한 임사 체험일 수도

---

* 윌리엄 버틀러 예이츠, 〈출렁이는 마음 Vacillation〉.

있다. 그 순간 갑자기 그 세계가 열린다. 우리는 그 세계 이면에 무엇이 있는지 본다. 늘 그 자리에 있었지만 그곳에 다가가고 그곳을 마음속에 간직하는 법을 잊었기에 우리가 사는 세계에서는 이상하게도 보지 못한 그 세계를.

10대 시절 이후 저는 전통적인 기독교 개념의 신이란 존재에 회의를 품었습니다. 어떤 종교도 공감하지 못했지만 '초월적' 존재를 포용해야 한다는 생각은 했지요. 무신론자가 되고 싶지는 않았고, 그래서 10대 이후 저에겐 '불가지론자'라는 딱지가 붙었습니다.

……그런데도 저는 무언가를 믿지 않을 수 없었습니다. 너무나 믿음이 강한 나머지 그 믿음을 말로 표현할 수 없다는 것이 괴로웠습니다. 몹시 혼란스러웠지요.

알렉산더 박사님의 책을 읽으며 신이 어둠 속의 빛이라고 쓴 대목에서는 감정이 복받쳐올라 눈물을 흘렸습니다. 이 편지를 쓰고 있는 지금도 그 생각을 하면 눈물이 차오릅니다. 제가 이런 기분을 느낀 것은 단 세 번이었는데, 세 번 다 아이를 낳을 때였어요. 제가 읽고 있는 글이 진실이고 실제라는 확신이 들었고, 갑자기 무거운 짐을 내려놓은 것 같은 기분이 들었습니다. 종교가 없어도 괜찮고, 이름표가 없어도 괜찮고, 제가 느끼는 것 같은 감정을 느껴도 괜찮다는 생각이 들었습니다.

때로는 삶의 무게에 압도당하는 것 같은 기분이 들 때도 있습니다. 그럴 때마다 제 자신을 진정시키는 것 말고는 다른 방법이 없었지요. 그 책을 읽은 뒤 제게 일어난 가장 큰 변화가 있다면, 이제야 제가 진심으로 행복을 느낀다는 점입니다. 상황이 걷잡을 수 없이 엉망으로 돌아가서 저를 화나게 만들 때조차도 불현듯 마음의 평화를 느끼고, 이 세상을 넓게 볼 수 있으며, 제 걱정과 스트레스가 갑자기 견딜 만한 것이 되지요. 박사님이 쓴 글 한마디 한마디가 진실임을 느낍니다.

사람들이 서로에게 얼마나 잔인할 수 있는지 생각하면 늘 분통이 터졌습니다. 학대당하는 아이들, 이 땅에서 자행하는 온갖 고문, 전쟁 그리고 서로에게 저지르는 온갖 끔찍한 일들. 그런데 그게 전부가 아니라는 사실이 믿을 수 없을 정도로 저를 행복하게 만드네요.

제 남편도 그 책을 읽고는 무신론자적 관점에서 좀 더 '우주적' 형태의 믿음으로 옮겨갔습니다. 신이 이 우주 에너지의 원천과도 같은 하나의 개체라는 믿음이지요. 둘이 함께 박사님의 책을 읽은 덕분에 남편과 더욱 가까워진 기분입니다.

제 글을 읽어주셔서 감사드리며
크리스틴

세상에는 왜 이토록 많은 고통이 있는가? 다음은 내가 동의할 수 없는 두 가지 대답이다. 같은 개념을 바탕으로 한 동양과 서양의 (너무도 잘못된) 대답이다.

하나. 모든 건 전생의 업보이다. 전생에서 당신이 잘못한 일에 대한 '대가'를 치르고 있음에 감사하라.

둘. 고통은 당신을 강하게 만든다. 우리는 '추락한' 피조물로서 신이 죄 많은 인간의 본성을 극복해낼 수 있도록 우리를 도우려고 시험하는 것이다.

나는 이런 설명을 믿기에는 내 삶에서 너무도 많은 고통을 목격했고(고통받는 환자뿐 아니라 그들의 가족과 사랑하는 이들까지), 저 위의 세계에서 너무나 큰 희열을 보았다. 나는 내가 신(옴)이라고 부르는 존재가 우리를 무한히 사랑한다고 믿는다. 그 신은 우리를 '처벌'하길 원치 않고, 우리의 잘못된 행동에 '본때를 보여주고' 싶어 하지도 않는다. 우리가 지상에서 겪고 있는 고통과 의미 없음에 대한 진정한 설명은 내가 보기에 훨씬 더 심오하면서도 훨씬 더 단순하다.

우리의 세계, 이 물질세계는 의미를 위장한 곳이다. 의미는 시야에서 놓치기 쉽다. 모든 물질적 실제는 원자와 분자로 이루어져 있고, 그 분자와 원자는 다시 끊임없이 존재의 안과 밖으로 움직이는 아원자 입자로 이루어져 있다. 원자의 궤도 안에서 밖으로, 혹은 그 반대로 움직일 때 전자는 어디로 가는 것일까? 우리는 알지 못한다. 우리가 알고 있는 것은 물질이 하나의 상태로 계속 머물지 않는다는 것이다. 물질은 왔다 갔다 하며 움직인다. 그러나 그럼에도 불구하고 결코 시야에서 사라지지 않고 완전히 없어지지 않는다. 비록 그것이 사

The MAP *of* HEAVEN

라질 때 어디로 가는지는 몰라도, 다시 돌아온다는 사실은 안다.

어릴 때 연극을 해본 적이 있다면, 배역에 완전히 몰입했다가 어느 순간 문득 여기가 어딘지 깨닫는 묘한 경험을 했을 것이다. 무대 위에서 발을 내딛다가 마룻바닥이 끼익 소리를 내면 그 순간 펑! 하면서 조명 저편에 학교 강당이 있고, 그 강당이 당신이 알고 있는 사람들로 가득 차 있으며, 그 사람들이 당신을 보러 왔고, 당신이 잘 해내길 바라고 있음을 깨닫는다.

지상에서 우리의 삶도 이와 비슷하다. 이 책에 등장하는 수많은 사람이 묘사한 것처럼 우리가 진정 어디에 있으며, 어떤 존재인지 감을 잡는 순간이 있다. 그런 순간에는 어떻게 해야 할까? 그 자리에 얼어붙은 채 대사를 잊어버리고, 연극을 중단해야 할까? 물론 그렇지 않다. 그러나 우리 모두가 그렇듯이 지상의 드라마와 연극에서 배역을 맡은 사람들에게 마룻바닥이 삐걱거리는 소리를 듣는 순간은 너무나 소중하다.

우리는 **천국의 관점**에서 이 세계를 보는 방식을 다시 배워야 한다. 우리 주위의 모든 것이 궁극의 개성, 독특함으로 빛을 발하도록 해야 한다. 모든 참새가, 풀잎 하나하나가, 당신이 알고 있는 모든 사람이 각기 지닌 궁극의 가치로 빛을 발하도록 해야 한다. 왜냐하면 그 모든 존재는 다차원적인 우주적 존재이고, 지금 여기서 하나의 물리적 존재로 발현하는 것이기 때문이다.

우리는 인간에 대한 이해와 관련하여 역사상 가장 큰 비약을 하고 있는 중이다. 현재 우리의 세계관은 200년 뒤 우리 아이들의 아이들에게 마치 중세 농부의 세계관처럼 제한되고 어수룩한 것으로 비칠 것이다.

우리는 이제 막 생의 이면을 재발견하려는 참이다. 우리 내면의 아주 심오하고 깊이 감추어진 일부는 결코 잊지 않았던, 그러나 우리 문화가 그렇게 하라고 가르쳤기 때문에 대부분의 우리가 비밀로 감추어왔던 이면을.

아원자 물리학의 세계는 영적 세계가 아니다. 그러나 고대 연금술에 관한 기록인 〈에메랄드 서판〉*에서 말하는 것처럼 '하늘에서와 같이 땅에서도' 이루어진다. 이 우주의 각기 다른 요소는 서로 조화를 이룬다. 우리가 '이 아래'에서 보는 것들은 '저 위'에서도 다른 형태로 존재한다. 물질이 문자 그대로 존재의 안과 밖으로 움직이는 현상은 우리가 사는 세계에서 의미가 완전히 사라진 것처럼 보였다가 결국 다시 돌아오는 현상과 묘하게 닮았다. 우리가 이 사실을 자각할 때, 다시 말해 눈에 보이지 않을 때조차도 의미가 그곳에 있음을 자각할 때, 우리에게 무슨 일이 일어나건 앞서 나탈리 수드만이 아름답게 표현한 그런 기쁨이 우리 삶에 지속적으로 내재될

---

* 서양 연금술 이론의 기반이 된 일련의 문서를 일반적으로 '헤르메스 문서'라고 총칭하는데, 그중 가장 중요한 것이 〈에메랄드 서판〉이다. 〈에메랄드 서판〉은 그다지 길지 않은 문장으로 구성된 연금술의 고전이다. 긴 세월 동안 계승되어온 이 문서를 해독하는 일이야말로 모든 연금술사가 통과해야 하는 제1관문이었다.

수 있다.

알렉산더 박사님

제 딸 헤더는 1969년 중증 뇌성마비를 갖고 태어났습니다. 주변에서 일어나는 모든 일을 인식하지만 일어나 앉지도, 말을 하지도 못했습니다. 참 잘 웃는 아이였어요. 정말 잘 웃었지요. 의사들은 열두 살을 넘기지 못할 거라고 했지만 1989년 스무 살의 나이로 세상을 떠났습니다. 그 아이가 죽은 다음 날 슬픔을 떨쳐버리기 위해 잔디를 깎고 있는데, 어디선가 나타난 왕나비들이 문자 그대로 저를 에워쌌습니다! 이게 영적인 삶의 징조일까요? 저도 모르겠습니다.

이제 1995년으로 건너뛰겠습니다. 어느 날 저녁 잠자리에 들었는데, 완전히 깨어 있는 상태로 제가 물었습니다. "신이 있다면 어떻게 이런 일이 일어나도록 내버려둘 수 있지요?"그러자 곧바로 눈부신 하얀 형상이 방 왼쪽에 나타났습니다. 제 딸이었어요. 그 애가 저를 가리키며 소리쳤어요. "아빠, 그렇지 않아요! 보세요." 출렁이는 환하고 흰 불빛이 방 안에 가득 차더군요. 그 누구도 어떤 말을 하지 않았지만 저는 곧바로 몇 가지를 깨달았습니다. 그 순간 느낀 희열을 말로 표현하기란 어렵습니다. 저는 딸이 잘 지내고 있으며, 하느님의 천사가 되었음을 알았습니다. 우리 모두가 죽은 뒤에도 다 괜찮으리란 걸 알았습니다. 우리의 창조주에 비해 우리가 너무도 작은 존재라는 것, 우리

지식은 너무도 미천해서 우스울 정도라는 것을 알았습니다. 저는 그것이 실제임을 알고 있습니다. 누군가가 저에게 "신을 믿으시나요?"라고 물으면 저는 대답합니다. "아뇨, 그저 믿는 게 아니라 한 치의 의심도 없이 확신합니다."

나는 믿지 않는다. 다만 알 뿐이다.

−카를 융(1875~1961), 스위스의 정신의학자 겸 심리학자

(죽기 직전 신을 믿느냐는 질문에 대한 대답)

"이 세상의 모든 것이 다 잘될 것이다." 14세기 여성 은둔자 노리치의 줄리안이 쓴 글이다. 그러나 "다 잘될 것이다"라는 말은 "모든 게 장밋빛이다"라는 말과는 다르다. 그 말은 세상에 공포와 고통이 없을 거라는 의미가 아니다. 우리가 한 가지만 기억한다면 이 세계를 항해할 수 있으리란 뜻이다. 그 한 가지는 바로 이 세상의 자명한 무의미함 이면에 상상을 초월한 풍요로운 의미의 세계가 있다는 것이다. 우리 주위의 모든 고통을 완전히 아우르는 의미, 이 세계를 초월한 세계로 돌아갈 때 또 한 번 우리의 모든 고통을 압도한다는 의미이다.

융은 자신의 집 문간에 14세기 네덜란드 신학자 데시데리우스 에

라스무스의 글귀를 붙여놓았다. "초대했건 초대하지 않았건 신은 이곳에 있다." 우리가 이 세계에서 체험하는 시공간을 초월한 차원의 세계에서 골칫거리와 고통과 혼란은 이미 치유되었다. 그 사실을 이해했다면 운이 좋은 것이다. 아마 이해할 수 없을 것이다. 적어도 완벽하게는. 적어도 이 세계에서는. 사실 우리는 항상 그 세계를 엿보고 있다. 우리가 기억해야 할 점이 있다면, 마음 깊은 곳에서 항상 알고 있는 그 세계에 마음을 열어야 한다는 것이다.

> 제 딸 조앤은 일곱 살 때 자동차 사고로 세상을 떠났습니다. 아이와 무척 가깝게 지낸 저는 깊은 슬픔에 빠졌습니다. 그 아이는 자기 방의 침대 위 관 속에 누워 있었습니다. 저는 침대맡에 무릎을 꿇고 앉아 있었지요. 그때 제 뒤쪽에서 무언가가 연민으로 가득 찬 채 굳어가고 있는 것 같은 기분이 들었습니다. 이어서 제 어깨에 잠시 손길이 머무는 것 같은 기분이 들었죠. 그 순간 저는 다른 세상이 존재한다는 것을 알았습니다.[•]

의미는 이곳에 있다, 항상. 그러나 이 세계에서는 그 사실을 잊기가 아마도 이 우주의 다른 어느 곳에서보다 쉬울 것이다. 때로 세상이 온통 암흑에 휩싸일 때 저편의 세계는 이 세상의 언어와 상징을

• 마크 폭스, 《특이한 섬광 현상과의 영적 조우 Spiritual Encounters with Unusual Light Phenomena》.

사용해 우리에게 말을 건다. 때로는 번개처럼 요란하게, 때로는 창문에 붙은 한 마리 딱정벌레의 두드림처럼 보드랍게. 그리고 그와 함께 우리 삶의 기쁨이 돌아온다. 나탈리 수드만이 말한 것처럼 세상의 고통을 갈음하는 기쁨이 아닌, 세상의 고통에도 불구하고 존재하는, 우리 마음속에 머무는 그런 기쁨이다.

제 7 장

희망이라는 선물

내면세계에도 그 나름의 구름과 비가 있지만, 그 종류가 다르다.
하늘과 태양도 다르다. 오직 마음을 수련한 자들,
평범한 세상의 외견상 완벽함에 속지 않는 자들에게만 또렷하게 보인다.
– 잘랄 알딘 루미(1207~1273), 이란의 신비주의자

우리 인간은 시간의 창조물이다. 물고기가 물속에 살듯 우리는 시간 속에 살고, 너무도 그 속에 깊이 침잠되어 있다 보니 표피적으로만 인식할 뿐 그 사실을 알아차리지 못한다. 따라서 우리는 당연히 시간의 포로이다. 그렇다. 우리는 회의에 늦었다는 것을 알지만, 그런 생각 자체가 시간이라는 요소 없이는 성립할 수 없다는 사실은 알지 못하거나 알려고 하지 않는다. 시간 없이는 연설도, 인간의 교류도, 그 어떤 것도 성립할 수 없다.

우리가 현재 체험하는 이 세계는 공간과 결합된 시간으로 구축되었다. 좀 더 차원 높은 세계의 관점에서는 직선적 시간 개념 자체가

일상에서의 기하학적 공간 개념과 마찬가지로 하나의 환상일 뿐이라 해도, 이 사실이 지닌 의미가 퇴색하는 것은 아니다.

지구 상에서 우리는 직선적 시간이라는 요소 안에서 살고 움직이기 때문에 기다릴 미래가 없는 이 세상이 너무나 끔찍하게 느껴진다. 10대 시절을 생각해보라. 새로운 경험이 결코 멈추지 않을 것 같던 그 시절, 만약 당신이 여느 사람들과 다르지 않다면 어느 순간부터 더 이상 그런 경험이 정신없을 정도로 빠르게 일어나지 않는다는 사실을 깨달았을 것이다. 어쩌면 진정한 성장과 변화는 끝났다고 생각했을 수도 있다.

임사 체험 이전에 나 역시 그런 생각을 했다. 그렇다고 해서 삶의 스릴이 완전히 사라져버린 건 아니었다. 나는 가족을 사랑했고, 내 일을 사랑했으며, 여전히 날 설레게 하는 수많은 도전과 모험, 새로운 경험이 기다리고 있었다. 그러면서도 한편으로는 무언가 – 자아의 팽창감 – 가 빠른 속도로 다가오는 진정한 새로움은 분명히 멈추었음을 느꼈다. 그리고 그런 경험이 예전처럼 깜짝 놀랄 정도로, 전류가 통할 만큼 새롭게 느껴지지는 않았다. 나는 세상의 한계를 알았다. 2,800피트 상공의 비행기에서 다시는 처음처럼 뛰어내릴 수 없었고, 그런 식의 새로운 짜릿함은 맛볼 수 없었다. 한마디로 나는 희망을 잃었다. 왜냐하면 희망이란 너무도 멋지고, 너무도 새로운 일이 일어날 것 같은 기분이기 때문이다.

그러던 중 내게 새로운 일이 일어났다.

어쩌면 내 삶이 다시 피어났다고 말해도 좋을 것이다. 인간이 꽃과 같다고, 꽃처럼 피어나 시들고 죽는다고 표현한 시詩들은 수없이 많다. 젊은 시절 우리는 자라고 꽃을 피우면서 아름다움과 젊음, 생명의 완벽함으로 덧없이 짧은 순간 빛을 발한 다음 이내 시들어 죽어버린다.

하지만 과연 그럴까? 꽃은 삶의 비극과 무상함을 상징하는 것처럼 한편으로는 그 무상함 이면에 무엇이 있는지를 상징한다. 우리 삶의 모든 것에는 천상의 요소가 깃들어 있는데 그중에도 유난히 천상에 가까운 것이 있고, 그런 관점에서 보면 꽃은 단연 최상의 위치에 있다. 단테는 《신곡Divine Comedy》*의 우주론에서 가장 높은 단계의 천국인 최고 하늘**을 흰 장미로 표현하며 끝을 맺었다. 부처는 인간의 의식을 연못 바닥의 탁한 진흙에서 자라, 마치 기적처럼 수면 위에 깨끗한 순백의 꽃을 피우는 연꽃과 연관시켰다. 아무 말도 하지 않고 꽃 한 송이를 들어 보인 것은 부처의 가장 유명한 법문이다.

인류는 선사 시대 이전부터 중요한 순간을 기념할 때 꽃을 사용해왔다. 꽃은 인간의 시작(생일, 졸업, 결혼식)에는 물론 끝(장례식)에도 있었다. 우리는 '구두점'을 찍는 시간에 꽃을 사용했다. 고대인은 그런 시간에 기억해야 할 가장 중요한 것은 바로 천국의 진실임을 알

---

* 미래의 3세계인 지옥, 연옥, 천국을 묘사하면서 쓴 단테의 작품.
** 고대 우주론의 오천五天 중에서 가장 높은 하늘.

고 있었다. 우리 인간처럼 꽃도 지상에 뿌리를 내린다. 그러나 꽃은 인간과 달리 자신이 어디에서 왔는지 기억하고 있으며, 매일 하늘의 태양을 따른다. 가장 중요한 것은 꽃이 피어난다는 사실이다. 그러한 피어남이야말로 아마도 우리 모두가 갈망하는 완벽함, 오직 이 세계를 초월한 영역에서만 온전히 존재하는 그런 완벽함을 가장 잘 드러내는 상징일 것이다.

알렉산더 박사님

2007년 10월, 열여덟 살 된 제 아들 벤이 악성 뇌종양 진단을 받았습니다. 아들은 다섯 달 뒤 세상을 떠났습니다. 제가 이 글을 쓰는 이유는 아들이 지상에서 보낸 마지막 사흘 때문입니다.

아들은 그때 혼수상태였습니다. 죽어가는 아들을 지켜봐야 하는 엄마의 심정이란. 아마 그때가 제 인생에서 가장 고통스러운 순간이 아니었나 생각합니다……. 우리는 호스피스 간호사와 함께 벤을 집으로 데려왔습니다. 아들의 병원용 침대를 침실 한가운데에 두었습니다. 벤이 혼수상태에 빠졌을 때에도 항상 누군가가 아들의 손을 잡고 있었습니다. 아들을 절대 혼자 두지 않겠다는 게 제 생각이었죠. 그래서 제 형제자매, 딸, 남편과 제가 밤새 교대를 했고 누군가가 항상 아들 곁에 있었습니다.

첫날 밤 저는 꿈을 꾸었습니다. 너무도 생생해서 꿈이라기보다는 하나의 실제 경험 같더군요. 깜빡 잠이 들기 전에 저는 벤을 안고 하느님께 울부짖었습니다. 너무도 절망적이었고, 화가 났으며, 혼란스러웠습니다. 그런데 꿈인지 생시인지 모를 그 상태에서 저는 어두우면서도 환한 천국으로 안내되었습니다. 그곳에서는 모든 것이 고요했고 오직 사랑만 느낄 수 있었습니다. 아주 청명하고 투명했으며, 너무나 실제 현실 같았습니다. 제가 신과 함께 있다는 것을 뚜렷이 느낄 수 있었지요. 주위를 둘러보니 지상의 단편들이 보이고, 그 단편들이 제 주위에서 무너지고 있었습니다. 그래서 제가 물었습니다. "이게 무슨 의미인가요?" 그리고 제 영혼은 대답을 듣고 깨달았습니다. 그것은 육신이 쇠약해진 벤에게 일어나고 있는 일이라는 것을요. 저는 바로 침대에 일어나 앉았습니다. 그리고 아들이 이미 천국의 영역에 들어섰음을 알았지요. 아들은 이틀 뒤 세상을 떠났습니다.

인간의 가장 본질적 문제, 즉 새로움과 희망의 상실을 나는 저 위의 세계에서 해결했다. 본래의 상태 그대로인 세계, 우리에게 익숙한 지상의 것들로 가득한 세계, 다만 그 모든 것이 좀 더 풍요롭고 묘하게 바뀐 세계, 묘하게 새로운 세계. 사후 세계에서 꽃을 바라보고 있을 때 그 꽃들은 피고 또 피는 것 같았다. 어떻게 지상에서는 피었다가 지는 꽃이 그곳에선 계속 피어나기만 할 수 있을까? 지상에서는 불가능한 일이다. 왜냐하면 이 세계에서 우리는 직선적 시간 속에, 혹은 직선적 시간의 환상 속에 완전히 매몰되어 있기 때문이다. 이곳에서 꽃은 피었다가 죽는다. 사람이 태어나서 늙고 죽는 것처럼. 그래서 도서관마다 인간사의 서글픔을 노래한 소설과 시가 넘쳐나는 것이다. 젊고 강하고 싱그럽게 태어나, 살아가면서 몇 가지를 배우고, 자식들도 그 여정을 헤쳐나갈 수 있도록 몇몇 힌트를 주고, 뭔가를 해보기도 전에 죽어야 하는 인간의 비극 말이다.

이 얼마나 비극인가! 실제로 비극이 아닐 수 없다. 우리의 시야를 이 세계에만 한정한다면, 그리고 우리가 경험하는 모든 성장과 변화가 눈에 보이는 게 전부가 아니라 훨씬 더 큰 이야기의 한 챕터임을 깨닫지 못한다면.

인간의 성장은 결코 멈추지 않는다는 고대의 지혜를 잃어버린 우리 문화는 젊음에 집착한다. 우리는 이 우주에 잠시 머무르는 찰나적 실수가 아니다. 하루살이처럼 하루 동안 떼 지어 날아다니다가 사라져버리는 진화상의 별종이 아니다. 우리는 머물기 위해 이곳에 온 선수player들이고, 우주는 우리를 염두에 두고 만들어졌다. 우리는 가장 심오한 사랑과 고결한 열망을 담아 그 우주를 사유한다. 우주가 우리를 사유하는 것처럼. "하늘에서와 같이 땅에서도."

저마다의 생애를 마치고 저 위의 세계로 돌아가면 아주 재미있는 일이 일어난다. 임사 체험과 관련한 글에서 반복적으로 나타나는 일들이다. 사람들은 '맞이하는 사람greeter', 즉 지상에서 알았던 사람이 그들을 환영하기 위해 기다리고 있었다고 말한다. 이 얘기는 반복해서 나온다. "아빠가 거기 계셨는데, 병을 앓던 때의 모습이 아니었어요. 젊고 건강했어요", "할머니를 만났는데 젊은 시절 모습이었어요" 등등.

어떻게 이런 일이 가능한가? 우리가 들어가 살며 세상을 배우는 도구였던 육체를 버리는 순간, 지금 우리가 있는 이곳에서는 감히 설명할 엄두조차 나지 않는 가장 높은 세계 속으로 곧장 사라져버리는 것은 아니다. 내가 임사 체험 때 갔던 바로 그곳으로 간다. 그곳은 우리가 직선적으로 살았던 지상에서의 삶 전체를 다시 한 번 동시에 살아보는 하나의 '장소'이다(물리적 세계에서 말하는 장소 개념이 아니지만, 독자도 지금쯤은 이런 역설에 익숙해졌을 것이다). 아울러 그 장소는 다른 사람, 다른 영혼이 보았을 때 그 사람이 단연 가장 빛났던 시기의 모습을 만들어낸다. 만약 장수를 누린 사람이라면 육체가 젊음의 아름다움으로 환하게 빛나던 시기의 모습이면서, 한편으로는 노년의 지혜를 지니고 있을 것이다. 저 위의 세상에서 우리는 다차원적 존재이다. 지상에서의 가장 좋은 모습을 동시에 지닌 존재이다.

성인이 된 자식이 있다면, 오랜 세월에 걸쳐 그 애가 보여준 다양한 모습을 생각해보라. 병원에서 처음 눈뜬 아기, 새로 산 자전거를 타고 처음으로 몇 미터를 나아간 다섯 살 아이, 전에 없이 사려 깊고 속 깊은 심성을 보여준 10대 시절……. 그중 어떤 모습이 당신의 아이인가? 당신은 물론 그 대답을 알고 있다. 모든 모습이 당신의 아이이다.

직선적 시간 속의 삶, 즉 지상의 삶에서는 먼 길로 우회하고 장애

물을 만나기 때문에 성장할 수 있는 것이다. 반면 천국의 시간, 곧 우리가 육체를 떠났을 때 들어가는 시간의 영역에서는 직선적 시간의 일시성 안에서 우리가 우회와 장애물을 통해 개발하려 했던 자아를 전부 다 발현할 수 있다. '우리에게 이로움을 주기 위한 고통과 괴로움'을 통해 성장하는 것도 아니고, 전생의 업보를 갚음으로써 성장하는 것도 아니다. 이 세계의 특성인, 우리를 혼란스럽게 만드는 혼탁함과 유한함을 직접 꿰뚫어봄으로써 성장하는 것이다. 전 세계 모든 종교의 가장 핵심적 통찰 중 하나는 이 세상의 그 어떤 고통도 신이 개입하지 않는 것은 없고, 사실 신은 우리보다 더 고통받고 있으며, 그 고통이야말로 바로 신이 인간에게 바라는 열매이자 성취이고, 아주 신비로운 방식으로 그 고통이 놀라운 미래의 성취를 위한 부산물이라는 개념이다. 시인 라이너 마리아 릴케가 거리에서 스쳐가는 사람들의 얼굴에서 보았다는 '미처 살지 못한 행로들unlived lines', 즉 가능성과 성장의 길들, 지상에서는 섬뜩할 정도로 가로막히고 좌절당하는 길들이 저 위의 세계에서는 마침내 도달할 기회가 주어질 것이다.

육체의 죽음 이후 삶에 관한 가장 오래된 우스갯소리 중 "영원한 삶은 따분하다"는 말이 있다. 이런 생각에 상투적으로 따라붙는 이미지는 무료해하는 사람들이 아무 할 일 없이 구름 위에 앉아 있는 모습이다. 그 아래 지옥에서는 악마들조차 재미를 보고 있는데 말이다.

나는 이 진부한 얘기가 마음에 든다. 왜냐하면 사후 세계를 정확히 **반대로** 묘사했기 때문이다. 만약 사후 세계를 묘사하는 단 하나의 단어가 있다면, 그것은 바로 움직임이다. 그 무엇도 결코 가만히 있지 않는다. 지상에서 당신은 어딘가로 가거나 혹은 그 자리에 있다. 이 세계 너머의 세계에서는 움직임과 도착이 맞물리고, 여행의 기쁨과 도착의 기쁨이 만나고 섞인다.

이것은 들리는 것처럼 황당한 얘기가 아니다. 당신과 내가 살고 있는 이 견고한 물질세계가 실제로는 거의 텅 빈 공간이며, 그 세계 안에 있는 극소량의 물질 자체도 좀 더 높은 차원의 시공간에서 일련의 에너지 진동이 유독 촘촘한 밀집 상태에 있는 것임을 물리학이 한 치의 의심도 없이 증명했음을 기억한다면 말이다. 그러나 여전히 그 실체를 보기는 힘들다. 이 세계는 의미가 숨어 있기 때문이다. 이 세계를 초월한 세계로 올라갈수록 의미는 훨씬 덜 숨어 있다. 그 세계에서는 모든 것이 동시에 여러 형태로 존재하기 때문에 지상 세계의 평면적 언어로 그것들을 설명하려는 순간 곧바로 헛소리가 되고 만다.

상징적이지만 그러면서도 실제 현실이었던 나비를 타고, 역시 상징적이면서도 실제 현실이었던 여자와 함께 아래를 내려다보았을 때 나는 끊임없이 피어나는 꽃은 물론 사람들도 보았다. 그곳 사람들은 끊임없이 피어나는 꽃과 비슷한 행위를 하고 있었다.

그들은 춤을 추고 있었다.

춤은 음악과 마찬가지로 인류의 오래된 행위이고, 춤의 기원은 인류 역사의 시초로 거슬러 올라간다. 인간의 모든 원초적 행위가 그렇듯 춤은 원초적 우주의 진실을 담고 있다. 우리가 태어난 저 위의 세계에 관한 진실이다. 춤을 출 때 사람들은 '자신이 어디에서 왔으며 어디로 가는지 알고 있는 그들'의 일부에 의해 움직이는 것이다. 그 일부는 이 세계가 끝이 아님을 알고 있다. 이것이 바로 사람들이 결혼식에서 춤을 추는 이유이기도 하다. 두 사람이 결합하는 지상의 의식이 좀 더 큰 천상과 지상의 결합을 연상시키기 때문이다. 꽃이 지상에서 가장 천상에 가까운 객체라면, 춤은 아마도 가장 천상에 가까운 행위일 것이다. 두 가지 모두 똑같은 진실을 가리킨다. 우리가 소망하는 좀 더 큰 삶이 실제 존재한다는 진실이다.

춤을 추는 행위는 노래나 음악과 마찬가지로 시간 속에서 존재한다. 시간이 없으면 춤도 없고 음악도 없다. 혼수상태에서 내가 들어간 세계에는 음악과 춤이 있었다. 그렇다면 시간도 있었던 셈이다. 그 세계의 좀 더 심오한 시간이라고 해야 할까. 그 시간은 우리가 지상에서 경험하는 시간보다 **훨씬 더 풍요롭고, 훨씬 더 광활한 개념의 시간**이다.

기독교 철학자 토마스 아퀴나스는 내가 접한 시간 위의 시간을 표현할 적절한 단어를 찾았다. 그는 그것을 '애붐 ævum●', 즉 천사들의

● 시간과 영원 사이. 천국의 천사나 성인의 존재 방식을 일컫는 말.

The MAP
of
HEAVEN

시간이라고 불렀다. 그는 이것을 추상적 개념으로 보지 않고, 좀 더 실제적이고 적극적 개념으로 보았다. 그 시간은 꽃이 피고 또 피는 시간이며, 음악과 춤이 결코 멈추지 않는 시간이다.

오스트레일리아 오지에서 브라질 열대우림에 이르기까지 전 세계 모든 원주민의 신화와 전설은 춤을 비롯해 지상에서 우리가 알고 있는 인간의 다양한 행위가 영원히 계속되는 죽음 이후의 땅을 묘사한다. 오스트레일리아 원주민은 지금도 그곳을 꿈의 시간이라 부르며, 바로 인간이 태어나고 또 사후에 돌아가는 곳이라고 믿고 있다. 그들이 말하는 장소는 내가 보기엔 전부 다 똑같은 곳이다. 샤먼들은 그곳을 적어도 3만 년 전부터 방문했다. 마치 오늘날 우리가 임사체험이나 유체 이탈 여행을 통해 방문하는 것처럼. 그곳은 우리 모두가 시작된 곳이고, 우리 모두가 돌아갈 곳이다. 간헐적으로는 우리 개개인의 삶이 끝날 때, 영구적으로는 현재의 창조 주기가 끝날 때 가는 곳이다. 그 주기가 과연 끝난다면 말이다.

왜냐하면 힌두교도들은 이 세계가 생성과 소멸을 영원히 반복하고, 새로운 주기의 생성은 브라흐마Brāhma, 즉 신의 숨결로 이루어진다고 믿기 때문이다. 브라흐마가 숨을 내쉬면 새로운 주기가 생성되고, 브라흐마가 숨을 들이쉬면 모든 것은 처음 시작한 자리로 되돌아간다. 환생을 믿는 이들에게(어린아이가 지닌 사후 세계의 기억에 대한 과학적 증거는 가히 압도적이다) 이런 과정은 분명 한 번의 생을 초월한 것으로 비친다. 이 시나리오대로라면 당신의 현재 삶이 지니고 있는 모든 '당신들(어린아이, 10대, 성인)'은 좀 더 큰 '당신'의 부분집합으로, 이번 삶에서 다른 삶으로 끊임없이 반복해 환생하며 우주와 함께 성장하고 진화한다. 환생의 여정 끝에서 이 '당신'은 지상에서 취득한 모든 정체성과 당신이 거쳐온, 우리의 이해 범위를 넘어선 과거의 모든 정체성을 지닌다. 심리학자 크리스토프 바슈는 저서 《어두운 밤, 이른 새벽Dark Night, Early Dawn》에서 이렇게 썼다.

> 이제 우리는 알고 있다. 우리가 삶을 체험하는 독특한 방식과 우리의 고유한 개성이 가늠할 수 없을 정도로 광활한 시간의 바다에서 떠오른 것이며, 앞으로도 그만큼 오랜 시간 동안 끊임없이 개발될 수 있음을. 죽음은 우리 삶의 계절에 구두점을 찍는 일시적 중단일 뿐이다. 이런 통찰은 인간 존재에 대한 새로운 이해의 새로운 문턱으로 우리를 이끈다.●

우리 삶이 어린 시절부터 성인, 그리고 노년에 이르기까지 다양한 인간 모습을 압축한 한 번의 여행이듯, 우리 개개인이 하는 좀 더 큰 우주의 여정이 있고, 그 속에서 우리는 단일한 지상의 삶보다 훨씬 더 급진적으로 성장하고 변화한다. 그러나 이 방대한 여정의 중심에는 단 하나의 여행하는 존재가 있으며, 우주 주기가 끝나는 순간 그

● 크리스토프 바슈, 《어두운 밤, 이른 새벽Dark Night, Early Dawn》.

존재는 다양한 겉모습과 기쁨, 슬픔, 그리고 이 생에서 저 생으로 옮겨가며 겪은 아찔한 모험을 회상할 것이다. 이런 상태는 지금 여기서 우리가 이해할 수 있는 수준보다 훨씬 더 위에 있고, 훨씬 더 앞서 있으며, 훨씬 멀리 있어 그 상태를 묘사하려고 노력하는 것 자체가 주제넘은 일처럼 느껴진다. 나는 천국이 어떤 모습인지 그나마 비슷하게 묘사하기도 힘들었다. 그러나 독자들이 저 멀리 있으면서도 한편으로는 우리와 함께 이곳에 있는 미래 모습에 대해 미약하게나마, 흐릿하게나마 감을 잡을 수 있다면 그것만으로도 충분하다.

이제 나는 이 세계 위의 차원에 다른 물과 다른 하늘, 지구와 비슷한 풍경이 있다는 것을 안다. 그 풍경 속에는 제각기 꽃이 피는 초원, 우레 같은 폭포, 동물과 사람이 살아 숨 쉬는 평화로운 들판이 있다. 그 모든 세계가 앞선 세계보다 더 아름답고, 더 섬세하고, 더 투명하고, 그래서 나로 하여금 그와 똑같은 지상의 것들을 더 사랑하고 감사하게 만든다. 왜냐고? 이제 나는 이 모든 지상의 것이 어디에서 오는지 알기 때문이다. 그곳은 바로 사람들이 너무도 쉽고 자연스럽게 "하늘에서와 같이 땅에서도"라는 말로 표현했던, 이 세계와 연결된 좀 더 높은 차원에 실재하는 현실이기 때문이다. 또 내가 아는 이 모든 세계를 하나로 아우르는 것, 우리가 아무리 멀리 가더라도 우리를 그곳으로 이어주는 황금 실이 바로 사랑임을 알기 때문이다.

나는 그 멋진 황홀경을 반복해서 경험하곤 했다. 항상 예기치 못한 순간이었고, 종종 씻을 때나 집안 허드렛일을 할 때이기도 했다. 항상 똑같은 기분이었고 엄청난 환희와 깊은 존경과 숭배와 사랑을 느꼈다. 그 감정은 아마도 '다른 세계에 대한 향수병'이라고 표현하는 게 가장 적절할 듯하다. 마치 그런 아름다움과 형언할 수 없는 행복감이 존재한다는 것을 줄곧 알고 있었고, 그래서 다시 갈망하고 그리워하는 것 같은 기분이랄까. 누구나 그렇듯 모든 것이 무너져내리고, 고민이 쌓여가고, 확실한 것이라고는 의심뿐이고, 바닥을 치는 절망감에 휩싸일 때조차도 어딘가에 있을 무언가를 향한 내 그리움은 나를 지탱하게 해주고 헤쳐나갈 용기를 주었다. 이것이 일종의 자명한 진리일 수 있을까? 알지 못하는 것에 대한 향수를 느낄 수는 없기 때문이다.[*]

이 세계를 초월한 세계의 단계가 올라갈 때마다 펼쳐지는 풍경은 한결 덜 북적이고, 익숙한 것이 적어지고, 그러면서도 **훨씬 더** 친근하다. 높은 차원의 세계 속에서는 다른 종류의 친근함을 느낄 수 있다. 좀 더 저항이 있는 익숙함인데, 왜냐하면 당신이 다시 접촉하게 된 실제 현실이 높은 차원의 세계일수록 낮은 차원의 세계보다 더 오랫동안 떨어져 있었기 때문이다. 하지만 그러면서도 한편으로 좀 더 높은 차원의 세계는 당신의 폐부를 찌를 것이다. 높은 차원으로

---

[*] 앨리스터 하디, 《인간의 영적 본질》.

올라갈수록 당신의 한층 깊은 내면이 소환될 것이다. 우리의 중심에
는-이번 생의 과정을 통해 쌓아온 표면적 개성 아래 아주 깊은 곳
에는-너무도 핵심적이고 너무도 변함없는 그리고 너무도 근원적이
어서 신비주의자들은 수세기에 걸쳐 그곳이 우리가 신과 교감하는
곳인지, 아니면 신 자체인지를 놓고 논란을 벌였지만 합의를 보지
못한 우리 자신의 일부가 있다. 내가 이해한 바로는 동양 종교는 대
체로 우리의 가장 깊고 가장 핵심 부분을 신과 동일시하는 반면, 서
양 종교는 개인의 영혼이나 자아와 신을 구분하는 경향이 있다. 한
가지 분명히 말할 수 있는 건 모든 종교의 최고 수행자가 남긴 이야
기는 반드시 존중해야 한다는 것이다. 아울러 우리가 그 세계의 지
도를 작성하고 이해하기 위해 평범한 일상의 언어로 이야기하는 것
은-물론 정도의 차이는 있겠지만-아직 너무 어려서 이해하기 어
려운 개념에 대해 제멋대로 말하는 아이들과 똑같다는 것을 명심해
야 한다.

그러나 우리의 관점에서 이해할 수 있는 것이 한 가지 있다면, 추
상적으로건 직접적으로건 우리가 가는 영적 세계에서 더 높이 올라
갈수록 우리의 자아 속으로 더 깊이 들어간다는 것이다. 따라서 결
국 우리는 상상을 초월할 정도로 거대한 존재이며, 완벽하고 훌륭하
게 설명할 수 없는 방식으로 우리와 연결된 우주 역시 마찬가지라는
사실이다.

신비주의자들이 지상의 객체는 '실제'가 아니며 그 바탕에는 실체

가 없다고 말할 때, 그들은 지상의 객체를 폄하한다기보다 오히려 그것들이 어디서 왔는지 드러냄으로써 **존경**을 표하는 것이다. 물질 세계는 영적 세계의 산물이고, 이 세계에 있는 모든 실제는 저 위의 세계로 인해 존재한다. 그러나 모든 세계가 상징성을 지니고 서로 연결되어 있기에 우리를 둘러싼 모든 객체는 가장 덧없고 찰나적인 것조차도 실제임을 주장할 권리가 있다. 왜냐하면 비록 낮은 세계이지만, 이 세계 역시 높은 세계와 연결되어 있기 때문이다. 따라서 이 세계에 존재하는 그 어떤 것도, 특히 살아 있는 생명 중 그 어떤 것도 고아가 아니며, 그 어떤 것도 영원히 방황할 수 없다.

중국 도교의 창시자 노자는 "도道는 모든 것을 생산해내면서도 비어 있는 자궁과 같다"고 말했다. 부처는 진정한 실제를 '비어 있음'으로 표현했다. 비어 있으면서 동시에 전혀 비어 있지 않은, 모든 이해의 범주를 넘어선 상태! 이들은 천국의 높은 영역을 이렇게 표현한 것이다. 따라서 이들의 표현에 담긴 역설 수준은 가히 최고이다. 높이 올라갈수록 모든 것이 더 역설적이기 때문이다.

이런 개념은 우리가 사는 수준에서는 이해하기 어렵고, 전 세계 모든 종교가 작성한 천국의 지도는 때로 너무도 다른 것처럼 보이지만, 최고 지점에서만큼은 모든 종교가 합의에 도달했음을 나는 깨달았다. 영적 세계를 엿본 과학자로서 나는 그들이 합의를 도출해내야만 한다고 생각한다. 왜냐하면 정상에 오르는 길이 1,000개나 있는 산처럼 이 세상은 한 곳에서 시작하고 한 곳에서만 끝나기 때문이다. 내가 하는 말이 한참 못 미친다는 것은 알지만 내가 신이라고 부르는 중심의 중심, 봉우리의 봉우리, 심장의 심장에서 끝나기 때문이다.

알렉산더 박사님

저는 그야말로 듣도 보도 못한 일을 겪었습니다.

약간의 배경을 설명하자면, 한국전쟁에서 전쟁 포로였던 제 아버지는 재향군인 병원의 호스피스 병동에서 심한 폐색전증으로 죽어가고 있었습니다. 우리가 끝이라고 생각한 순간 아버지는 숨을 깊이, 천천히, 크게 쉬기 시작하더니 그 상태로 스물네 시간을 버텼습니다. 간호사들 말에 따르면 참전 용사들은 죽음을 맞이하는 방식이 일반인과 조금 다른데, 그것은 전투 훈련과 절대로 포기하지 말라는 교육 때문이라고 하더군요.

아버지와 저는 무척 가까웠습니다. 어느 순간, 마지막이 다가왔음을 느낀 저는 무의식적으로 아버지의 왼손을 잡고 심장과 호흡이 멈추는 순간을 느끼기 위해 제 오른손을 아버지의 경동맥과 가슴에 댔습니다. 그리고 기도하기 위해 눈을 감는 순간, 불현듯 한 편의 영화와 꿈을 오가는 것이라고 표현할 수밖에 없는 상태에 빠져들고 말았습니다. 그 순간은 너무도 생생했습니다. 저는 아버지의 뒤와 앞에서 마치 카메라맨처럼 – 그곳에 있긴 했지만 실제로 그 상황에 동참하지는 않는 상태로 – 떠돌고 있었습니다.

아버지는 빠른 물살 속에서 바위를 잡으려 몸부림치고 있었는데, 몹시 지치고 두려움에 떨었습니다. 그런데 그때 거센 물살 한복판에서 창백한 노란 불빛이 아버지와 제 시선을 끌었습니다. 그 빛은 빨간 노가 달린 흰 카누를 비추고 있었는데, 카누는 흔들리는 물속에서도 아무 요동 없이 떠 있었습니다. 아버지는 비명에 가까운 소리를 지르고는 바위에서 벗어나 재빨리 헤엄을 쳐 카누에 올라탔습니다. 20대 혹은 30대의 건장한 청년 모습이었지요. 아버지 가까이 다가간 저는 아버지의 뒤통수 앞에서 멈추었습니다. 아버지는 힘차게 노를 저었고, 오직 기쁨이라고밖에 표현할 수 없는 표정으로 저를 한 번 돌아보았습니다. 그때 아버지의 표정은 제가 표현할 수 있는 경지를 넘어선 것이었습니다. 그 힘과 광채를 생각하면 지금도 가슴이 벅차오릅니다.

그 순간은 잠시 지속되었습니다. 잠시 후 아버지는 다시 앞을 보고 힘차게 노를 저으며 멀어지기 시작하더니 모퉁이를 돌아 나무들 뒤로 사라지고, 저는 홀로 남았습니다.

그때 생각했지요. 아, 이젠 끝이구나! 그런데 갑자기, 마치 제가 고무줄에 매달린 것처럼 왼쪽으로 조금 떨어진 곳의 나무 꼭대기 위로 떠올랐습니다. 그곳에서 내려다보니 U자 모양의 부두에 사람들이 모여 있었습니다. 그들은 저를 보지 못했지요. 모두 얼굴이 상기되었는데, 가족과 아버지의 오랜 친구들을 알아볼 수 있었습니다. 그때 아버지가 노를 저으며 오른쪽에서 나타났습니다. 아버지를 보는 순간, 사람들은 아버지 이름을 부르며 환호했습니다. 아버지는 기쁨에 겨워 어쩔 줄 몰라 하며 미소를 지었지요. 처음엔 조금 충격을 받은 것 같았습니다. 아버지는 승리의 인사를 하듯 노를 높이 쳐들고 카누에서 뛰어내리더니 아버지를 포옹하며 등을 다독이는 사람들 틈으로 사라졌습니다.

펑! 저는 다시 아버지의 침대맡에 있었습니다. 눈을 뜨는 순간, 아버지의 마지막 맥박과 숨결을 느꼈습니다. 거의 4년 전 일인데도 그날의 기억이 지금도 생생합니다. 제가 본 모든 것을 빠짐없이 기억하고 있습니다. 아버지가 입은 옷부터 나무 종류, 아버지를 기다리고 있던 사람들의 이름까지도. 그리고 바위를 잡고 버티고 있을 때 아버지의 얼굴에 서린 피로와 공포감은 물론, 저에게 마지막 미소를 지어주던 순간 아버지의 얼굴이 얼마나 환했는지도 기억합니다.

저는 아버지가 당신이 사후 세계로 들어가는 길에 저를 함께 가도록 허락해준 거라고 생각했습니다. 비록 저는 관찰자였고 그곳에 함께 있지 못했지만, 그 경험은 저를 완전히 변화시켰습니다. 그건 제가 결코 갚을 수 없는 아버지의 마지막 선물이었습니다. 이 이야기를 할 때면 저 자신이 환하게 빛나는 것을 느끼고, 매번 감정이 북받쳐오르곤 합니다.

다시 말씀드리지만, 사람들이 이런 얘기를 한 번도 들어본 적 없다고 해도 달라지는 건 없습니다. 그건 제게 가장 놀랍고 예기치 못한 경험이었을 뿐 아니라 제가 받은 가장 소중한 선물이었습니다.

모든 이별을 앞서가라.
- 라이너 마리아 릴케(1875~1926), 독일의 시인

우리가 살면서 만난 모든 사람이 어느 날 한자리에 모이고, 우주의 주기 속에서 우리의 모든 존재를 아우르는 하나의 존재로 통합될 것이다. 그리고 그 존재는 계속 성장하고 성장해서 결국 우리 모두의 운명인 신적 존재가 될 것이다. 그 종착역에서 우리는 모두 신의 일부로서 **천국**의 진정한 의미를 기억하며 '하늘'에 있을 것이다.

따라서 내가 본 피고 또 피는 꽃들은 - 피어나면서 한편으로는 정지 상태이기도 한 그 꽃들은 - 어떻게 보면 저만치 앞서 있으면서 한편으로는 역설적이게도 지금 바로 이곳에 있는, 가늠할 수 없는 완벽한 지점을 향해 나아가는 우리 인간의 본질에 대한 가장 강력한 암시였다.

다음은 암으로 세상을 떠난 영화비평가 로저 에버트의 마지막 날들에 대한 그 아내의 기록이다.

4월 4일, 에버트는 다시 집으로 돌아올 수 있을 만큼 기력을 회복했다. 딸과 함께 남편을 데리러 갔다. 우리가 도착했을 때 간호사들이 남편에게 옷을 입혀주고 있었다. 남편은 침대에 앉아 있었는데, 집으

로 가게 되어 기분이 좋은 모양이었다. 그는 미소를 짓고 있었으며, 거의 부처님처럼 앉아 있다가 고개를 숙였다. 우리는 남편이 명상을 하는 거라고 생각했다. 아마도 그간 겪은 일들을 돌아보며 집으로 돌아갈 수 있는 것에 감사하는 거라고. 그러다 누가 먼저 낌새를 알아차렸고, 누가 맥박을 확인했는지는 명확히 기억나지 않는다. 처음엔 당연히, 완전히 겁에 질렸다. 의례적인 절차가 진행되었고, 의료진이 기계를 들고 왔다.

나는 완전히 넋이 나갔다. 그러나 남편이 이 세계를 떠나 다음 세계로 옮겨가고 있음을 깨닫는 순간, 모든 것이 고요해졌다. 의사가 기계의 전원을 껐다. 방 안은 너무나 평화로웠다. 나는 남편이 좋아했던 데이브 브루벡의 피아노곡을 틀었다. 그리고 침대에 앉아 남편의 귓가에 속삭였다. 남편을 두고 떠나고 싶지 않아 그의 손을 잡은 채 몇 시간이고 그 자리에 앉아 있었다. 남편은 아름다웠다. 정말 아름다웠다. 어떻게 설명해야 할지 모르겠지만 평화롭고 젊어 보였다.

사람들이 들으면 놀랄 얘기가 하나 있다. 남편은 자신이 신의 존재를 믿고 있는 건지 모르겠다고 했다. 그는 의심을 품고 있었다. 그러나 마지막이 다가오면서 아주 재미있는 일이 일어났다. 세상을 떠나기 전 주, 내가 면회 갔을 때 남편은 자신이 다른 세계를 방문했다는 이야기를 했다. 나는 환상을 본 거라고, 병원에서 약물을 과다하게 투여했다고 생각했다. 그러나 세상을 떠나던 날, 남편이 내게 쪽지를 건네며 말했다. "이 모든 게 감쪽같은 거짓말이야." 내가 물었다. "뭐가 거짓말이야?" 남편은 이 세계, 곧 이승 이야기를 하고 있었는데 모든 게 환상이라고 했다. 나는 남편이 혼란에 빠졌다고 생각했다. 그러나 혼란에 빠진 게 아니었으며, 그는 천국에 간 것도 아니었다. 적어도 우리가 상상하는 그런 천국은 아니었다. 남편은 그곳을 우리가 상상조차 할 수 없는 광활함으로 설명했다. 그곳은 과거, 현재, 미래가 모두 동시에 일어나는 곳이었다.

나는 그곳을 말로 표현할 수가 없다. 남편을 너무나 사랑한 나머지 그가 천하무적이라고 생각했다. 솔직히 말하면, 나는 아직도 무슨 일이 일어날 것만 같다. 내가 보기에 우리는 아직 끝나지 않았고, 남편 역시 아직 끝나지 않았다. 나에게 남편은 기적 자체였고, 나는 아직도 그 기적을 느낀다. 내가 말을 걸면 그가 대답한다.[●]

세상을 뜨기 직전 ─ 종종 오랜 시간 끔찍한 고통에 시달린 후 ─ 자신이 갈 곳이 어딘지, 자신이 살던 곳이 실제로 어떤 곳이었는지 엿볼 수 있다는 사실은 참으로 놀랍고 너무나 감동적이다. 글 쓰는 일을 직업으로 삼았던 에버트는 아내에게 ─ 확신하건대 ─ 그가 남겨줄 수 있는 가장 값진 선물을 했다.

에버트는 옳았다. 이 세계는 하나의 환상이며 거짓말이다. 이것은 실제가 아니다. 그러면서도 한편으로는 실제이고 훌륭하다. 우리의

● 2013년 12월 〈에스콰이어〉에 실린 셔즈 에버트의 글.

가장 깊은 사랑과 관심을 받아 마땅한 곳이다. 다만, 이게 전부가 아니라는 사실을 우리는 잊지 말아야 한다.

온 세상은 하나의 무대,
세상의 모든 남녀는 단지 배우일 뿐.
– 윌리엄 셰익스피어(1564~1616), 영국의 극작가

1963년 암과의 길고 힘겨운 사투 끝에 세상을 떠난 작가 올더스 헉슬리는 마지막 에세이(어느 잡지사에서 셰익스피어에 대해 청탁한 원고)를 죽기 며칠 전 아내한테 받아쓰게 했다. 에버트가 아내에게 남긴 것과 상당히 유사한 글이었다.

"이 세상은 하나의 환상이다"라고 헉슬리는 말했다. "그러나 우리가 진지하게 받아들여야 하는 환상이다. 왜냐하면 어느 정도는 실제이므로." 그는 또 "우리는 이 세계 속에 있지 않으면서 속해 있는 방법을 찾아야만 한다"고 말했다. 왜냐하면 사실 우리는 애초부터 결코 온전하게, 완전하게 이곳에 존재하지 않았기 때문이다. 우리는 다른 곳에서 왔고, 다른 곳으로 돌아갈 운명이다.

만약 우리가 단지 두뇌이고 육체이며 그 이상 아무것도 아니라고 생각한다면 진정한 주인공, 진정한 영웅이 될 능력을 잃는 것이

다. 조지프 캠벨이 반복해서 지적했듯 우리는 모두 영웅이다. '주인공protagonist'이라는 말은 그리스어 아곤agon에서 유래한 말로 '시합contest'을 뜻한다. 고통agony 역시 여기에서 파생한 말이다. 우리의 삶이 고통의 몸부림이라는 사실을 부정하기란 어렵다. 어떤 사람에게는 대부분의 시간이 그렇고, 어떤 사람에게는 일정 시간이 그렇다. 하지만 그것은 목적지가 있는 몸부림이다. 지상에서의 시합, 즉 고통이 끝날 때 헉슬리는 에버트가 그랬던 것처럼 이 수준의 세계에서 우리가 기억해야 할 정보를 남기고 떠났다. 이 세계가 전부는 아니다. 보다 큰 세계가 있고, 겉보기에 완벽한 지상 세계는 그 세계의 아주 작은 일부일 뿐이다. 보다 큰 세계는 사랑으로 다스려지고, 우리 모두가 고향인 그 세계로 돌아갈 것이다. 따라서 우리는 결코 절망할 필요가 없다. 왜냐하면 잃어버린 것을 되찾을 수 있기 때문이다.

우리 여행의 끝, 우리가 갈 그곳은 말로 설명할 수 있는 세계가 아니다. 결코 완벽하게 설명할 수는 없다. 물리학자 닐스 보어는 이렇게 말했다. "옳은 말의 반대는 틀린 말이다. 그러나 심오한 진리의 반대는 어쩌면 또 다른 심오한 진리일 수 있다."* 보어는 우리가 깊이 파고들면 사물은 더 이상 **이 원칙 혹은 저 원칙**에 따라 움직이지 않는다고 말한다. 일반적으로 사물은 이 원칙 그리고 저 원칙 모두

---

* 막스 델브뤼크, 《물질로부터의 이성Mind from Matter》.

에 따라 움직인다. 입자는 입자이면서 또한 파장이다. 어떤 것이 진실이고 그 반대 또한 진실이다. 우리는 우리의 창조주와 하나이며 또한 별개의 존재이기도 하다. 이 우주와 하나이면서 또한 개별적인 존재이다. 시간은 앞으로 나아가면서 또한 제자리에 멈추어 있다. 하나의 입자는 우주 이편에 있지만 또한 그 반대편에도 있다. 그러나 이 모든 세계는 실제로 하나의 세계이기 때문에 우리는 지상의 언어와 상징을 사용해서 그것을 설명하려 노력한다. 그래서 그것이 춤과 같을 거라고, 결혼식과 같을 거라고, 꽃과 같을 거라고, 흐르는 물소리와 같을 거라고 그리고 금의 반짝임과 같을 거라고 말한다.

나는 그 세계를 더 이상 잘 표현할 수가 없다. 그러나 그 세계가 존재한다는 건 안다. 그래서 하나의 문화 현상으로 가장 어린아이부터 가장 나이 든 사람까지 이 사실을 기억할 수 있도록 우리가 도와주어야 한다는 것을 안다. 이 세계 위의 세계에 대한 진실의 깨달음을 매 순간 되살리기 위해서이다. 오래전 새 남편의 눈 속에서 깊고 눈부신 어둠을 보았다고 한 요양원의 그 여인이 남편은 여전히 살아 있으며 그와 그녀가, 그녀가 사랑한 모든 사람과 동물이 사후 세계에서 다시 만나리라는 것을 알았으면 좋겠다.

이슬람 신비주의를 연구한 헨리 코빈은 자신의 저서에서 1950년대 어느 종교학자들의 학회에서 나눈 대화를 언급했다. 점심시간에 코빈과 동료 학자는 일본의 선불교 학자 다이세츠 스즈키와 이야기를 나누고 있었다. 코빈이 스즈키에게 서구 종교를 처음 접했을 때

어땠는지 물었다. 놀랍게도 스즈키는 몇 년 전 자기가 에마누엘 스베덴보리의 저서 네 권을 일본어로 번역했다고 말했다.

코빈과 동료는 무척 놀랐다. 선불교 학자가 17세기 과학자이자 기독교 선지자의 책을 읽는 것도 모자라 일본어로 번역까지 했다니. 그들은 스즈키에게 스베덴보리와 선불교의 공통점을 발견했느냐고 물었다. 다음은 코빈의 글이다.

> 스푼 하나를 흔들며 미소 짓는 스즈키의 표정이 지금도 눈에 선하다. "이 스푼은 지금 천국에 존재합니다. 우리는 천국에 있는 거예요."[*]

나는 이 일화가 무척 마음에 든다. 동양의 학자이자 신비주의자가 가장 평범하고 가장 따분한 물건을 사용해 서양의 학자이자 신비주의자를 칭송한 것이다.

당신이 어디에 있건 지금 당신은 천국에 있다. 당신 주변에서 가장 미천하고, 가장 보잘것없고, 가장 시시해 보이는 객체와 생명체와 사람이 그런 것처럼. 모호하고 이해하기 어렵고 이론적이 아닌, 우리가 상상할 수 있는 가장 확고하고 실제적인 방식으로. 앨리스터 하디에게 편지를 쓴 사람이 말했듯 전류가 통하는 전깃줄을 만질 때처럼 생생한 현실이다. 이 세상에서 당신 눈에 보이는 주위의 모든

● 헨리 코빈, 《홀로인 자와 홀로 되다 Alone with the Alone》.

것이 계층적 세계 속에서도 존재하고, 매 순간 그렇게 존재한다. 당신이 마지막으로 채웠던 가스 펌프의 노즐도 그렇고, 연료 탱크가 차는 동안 당신이 무심히 보았던, 발치에서 뒹굴던 찌그러진 종이컵도 그렇다. 천국은 이곳에 있다. 그러나 우리는 그것을 보지 못하도록 스스로를 훈련시켰고, 그것이 바로 우리가 사는 세상의 상당 부분이 지옥을 닮아가는 이유이다.

스카이다이빙을 하던 시절, 왜 나와 친구들은 지상에서 한참 올라간 비행기에서 뛰어내려 자유낙하를 하면서 별을, 눈송이를, 그 밖의 여러 가지 모양을 허공에 그리기 위해 그 환희의 몇 초 동안 대열을 정비했을까?

글쎄, 아마도 **재미로** 그랬을 것이다. 하지만 그것 말고도 다른 이유가 있었다. 우리가 손을 뻗고 잠시 동안이나마 마침내 그런 모양 중 한 가지를 만들었을 때 나는 '이거다' 싶은 기분이 들었다. 자유낙하를 하며 서로 연결되어 있던 그 몇 초 동안 우리는 지상 위에서 완벽하게 조화를 이루며 모여 있었다. 어떻게 보면 우습고 또 어떻게 보면 우습지 않은 사실이 하나 있다면, 스카이다이빙을 하던 시절 나와 친구들이 비행기에서 뛰어내려 하늘에서 만날 때 원을 자주 그렸다는 점이다. 원은 — 플라톤이 알고 있던 것처럼 — 완전함, 즉 예전에도 그랬고 언젠가 다시 이루어질 지상과 천국의 결합을 상징한다. 창공을 가르고 떨어지면서 좀 더 큰 모양을 만들며 서로 연결되도록 몸을 움직일 때 마음 한구석에서 우리는 그 사실을 알고 있었다. 우주적 존재로서 인간을 훌륭하게 상징하는 원을 만들면서, 나와 친구들은 우리가 무얼 하는지 정확히 알았다.

우리 모두는 매 순간 우리가 무얼 하는지 마음 깊은 곳에서 알고 있다. 그러나 그 깨달음은 떠올랐다가 이내 가라앉고, 또다시 떠올랐다가 이내 가라앉곤 한다. 이것이 바로 우리가 그 어느 때보다 열심히 그 사실을 기억하기 위해 노력해야 하는 이유이다. 지금보다 더 멀리 떠나온 적은 없었다. 그러나 멀리 떠나는 여행은 이제 끝나가고, 돌아오는 여행이 시작되고 있다. 이것이 바로 고공 점프를 하던 날들을 돌아볼 때마다 내 첫 번째 점프를 떠올리는 이유이다.

나를 천상 형제들의 품으로 입교시킨 점프, 그리고 아무것도 없는 창공으로 뛰어내리려 문 옆에 대기하고 있던 내게 교관이 던진 질문. 그때 교관이 내게 던진 질문은 – 인류 역사상 그리고 그 훨씬 이전부터 – 수많은 입교자가 받은 질문이다. 그것은 또한 저 위의 세계가 인류 역사상 가장 도전적이며, 가장 멋진 한 장章으로 들어설 채비를 하는 우리 인류의 문화 전체에 던지는 질문이기도 하다.

준비됐습니까?

에 필 로 그

우리는 누구인가,
어디에서 와서 어디로 가는가?

내면이 당신의 진정한 본질이다.

— 알가잘리(1058~1111), 11세기 이란의 신비주의자

결혼식을 치르는 한 쌍의 젊은 남녀 모습을 그려본다. 예식이 끝나면 사람들은 사진을 찍기 위해 모인다. 그러나 그 순간 커플은 다른 사람들을 의식하지 않는다. 서로에게 너무 깊이 빠져 있어 그럴 수가 없다. 그들은 서로의 눈을, 셰익스피어가 표현한 것처럼 영혼의 창을 깊이 바라보고 있다.

깊이! 상식적으로 결코 깊을 수 없는 행위를 묘사하기엔 적합하지 않은 단어이다. 보는 것은 전적으로 육체적 행위이다. 빛의 광자가 동공에서 1인치 거리에 위치한 눈 안쪽의 망막 벽에 부딪치고, 광자

들이 전달하는 정보가 그 순간 전기화학적 자극으로 전환되어 시신경을 타고 뇌 안쪽 시각 정보 처리 센터로 전달되는 것이다. 전적으로 기계적인 과정이다.

그러나 우리가 다른 사람의 눈을 깊이 들여다본다고 말할 때, 그것이 어떤 의미인지 누구나 알고 있다. 그것은 그 사람의 영혼을 보는 것이다. 고대 그리스 철학자 헤라클레이토스가 무려 2,500여 년 전 자신의 글에서 언급한 인간 존재의 단면을 보는 것이다. "아무리 긴 여행을 했다 한들 인간의 영혼은 너무도 깊고 광활해서 그 한계를 알지 못하리." 영혼이 모습을 드러낼 때 그 깊이를 엿보는 것은 환상이건 아니건 참으로 강렬한 경험이다.

영혼의 깊이가 가장 강렬하게 발현되는 모습을 보는 경우는 두 가지이다. 사랑에 빠졌을 때 그렇고, 누군가의 죽음을 지켜볼 때 그렇다. 대부분의 사람은 첫 번째 경험을 하지만, 죽음의 순간이 노출되지 않는 우리 사회에서는 그보다 훨씬 적은 수의 사람이 두 번째 경험을 한다. 그러나 의료계에 종사하는 사람이나 호스피스 병동에서 일하는 사람처럼 정기적으로 죽음을 목격하는 이들은 내 말을 바로 이해할 것이다. 어느 순간 깊이가 존재했던 자리에 껍질만 남는다는 것을. 살아 있던 시선은, 심지어 아주 노쇠한 사람이어서 시선이 흐릿하고 불안정했다 해도 어느 순간 죽어버린다.

동물이 죽을 때도 이와 같은 현상이 나타난다. 20세기 종교학자 티투스 부르크하르트가 '영혼의 내적 영역'이라 부르던 곳으로 곧장

통하는 길이 사라지고, 육체는 기본적으로 코드를 뽑은 가전제품 같은 상태가 되는 것이다.

서로의 눈을 바라보며 그 끝없는 깊이를 보는 신랑 신부의 모습을 상상해보라. 셔터를 찰칵 눌러 이미지를 포착한다. 아름다운 한 쌍의 신혼부부를 담은 완벽한 사진.

이제 수십 년을 건너뛰어 보자. 이 부부에게는 자녀들이 있고 그 자녀들에게도 자녀들이 있다. 사진 속 남자는 이미 세상을 떠났고, 여자는 요양원에서 혼자 살고 있다. 자녀들이 여자를 종종 방문하고 요양원에도 친구가 있지만, 지금 이 순간처럼 때로는 외로움을 느낀다.

비 내리는 오후, 창가에 앉아 있던 여자가 탁자에 놓인 액자를 집어 든다. 창가로 스며드는 어스름한 햇살 속에서 사진을 바라본다. 그 사진은, 여자 자신이 그랬던 것처럼 긴 여행 끝에 이곳까지 왔다. 처음엔 자녀들 중 한 명에게 물려준 앨범에 꽂혔다가 액자 속으로 들어갔다. 그리고 요양원에 들어올 때 여자가 가져왔다. 빛바랬고 가장자리가 너덜거리도록 닳고 닳은 사진이지만 그래도 어쨌든 살아남았다. 여자는 자신의 모습이던 사진 속 젊은 여인을 바라본다. 그 여인은 방금 새로 맞이한 남편의 눈을 바라보고 있다. 그리고 여자는 기억한다. 그 순간 자신에게는 이 세상 무엇과도 견줄 수 없을 정도로 남편이 생생한 실제 현실이었음을.

그는 어디에 있을까? 아직도 존재하고 있을까?

운이 좋은 날이면 그가 어디에 있는지 알 수 있다. 오랜 세월을 그 토록 사랑했던 남자인데, 육체가 죽는 순간 완전히 사라져버릴 리는 없다. 이런 문제를 놓고 종교에서 하는 얘기들을 막연하게나마 알고 는 있다. 그들은 남편이 천국에 갔다고 한다. 오랜 세월 동안 꾸준히 교회에 다니면서 여자는 믿음을 키워왔다. 비록 마음 깊은 곳에서는 한 번도 확신을 가져본 적이 없지만 말이다.

또 어떤 날에는, 말하자면 오늘 같은 날에는 의심이 들기도 한다. 이 문제를 과학이 어떻게 설명할지 알고 있기 때문이다. 그렇다, 여 자는 남편을 사랑했다. 그러나 사랑은 하나의 감정으로 뇌 깊숙한 곳에서 일어나는 전기화학적 반응일 뿐이다. 뇌가 육체에 호르몬을 방출하게 만들어 우리의 기분을 점령하고, 우리가 행복한지 슬픈지 기쁜지 외로운지 알려주는 것이다.

한마디로 사랑은 실제가 아니다.

그렇다면 무엇이 실제인가? 그야 빤하지 않은가. 여자가 앉아 있 는 의자의 철과 금속과 알루미늄과 플라스틱의 분자, 여자가 손에 들고 있는 사진의 종이를 구성하는 탄소 원자, 그 사진을 보호하는 유리와 나무틀. 물론 약혼반지의 다이아몬드와 반지 고리에 사용한 금도 실제다.

그러나 반지가 상징하는 유한한 두 영혼의 완벽하고 온전하고 영 원한 사랑의 유대는 어떤가? 글쎄, 그런 얘기는 그저 듣기 좋으라고 떠드는 허풍일 뿐이다. 견고하고 만질 수 있는 물질, 그것만이 실제이다. 과학은 그렇게 말한다.

실제reality라는 단어는 라틴어의 레스res, 즉 '물체thing'에서 파생했다. 자동차 타이어, 냄비, 축구공, 뒷마당의 그네와 미끄럼틀 같은 것들은 우리에게 실제이다. 날이 바뀌어도 변치 않는 일관성을 지니고 있기 때문이다. 우리는 그것들을 만질 수 있고, 손으로 들어 무게를 가늠할 수 있으며, 내려놓을 수도 있다. 한참 후에 돌아와 봐도 놓아둔 바로 그 자리에 그대로 있다.

물론 우리 자신도 물질로 이루어져 있다. 우리의 육체는 가장 먼저 생겨난 가장 단순한 물질인 수소를 비롯해 질소, 탄소, 철, 마그네슘 같은 좀 더 복잡한 성분으로 구성되어 있다. 이 모든 물질은 우리로서는 상상조차 할 수 없는 압력과 온도에서, 지금은 소멸된 지 오래인 고대 행성들의 중심부에서 생겨났다. 탄소 핵에는 여섯 개의 양성자와 여섯 개의 중성자가 있다. 전자가 궤도를 선회하는 바깥 껍질의 여덟 지점 중 네 지점이 비어 있기 때문에 다른 원자나 원소는 자신의 전자를 그 빈자리에 엮어 탄소 원자와 결합할 수 있는 것이다. 바로 이러한 대칭 구조로 인해 탄소 원자는 다른 원자나 분자는 물론, 또 다른 탄소 원자와 상당히 효율적으로 결합할 수 있다. 화학의 거대한 양대 학문인 유기화학과 생화학의 상당 부분은 탄소의 화학반응 연구에 할애된다. 지상에 존재하는 모든 생명체의 화학구조는 탄소와 탄소의 독특한 특성에 바탕을 두고 있다. 탄소는 유기화학계의 공용어이다. 바로 이러한 대칭 구조로 인해 탄소 원자에 엄청난 압력을 가하면 새로운 강도로 결합하여, 우리가 익히 알고 있는 시커먼 흙 같은 물질이 내구성을 자랑하는 가장 강력한 천연물질인 다이아몬드가 되는 것이다.

그러나 탄소 원자를 비롯해 우리 신체를 구성하는 여러 가지 물질은 영구적으로 소멸되지 않는 반면, 우리 육체 자체는 극단적으로 유한하다. 새로운 세포가 생성되고 오래된 세포는 죽는다. 매 순간 육체는 주위를 둘러싼 물질세계로부터 물질을 받고 또 되돌려준다. 머지않아 – 우주의 관점에서 보면 눈 깜짝할 사이 – 우리의 육체는 본래의 주기에 따라 완벽하게 환원된다. 탄소, 수소, 산소, 칼슘 그리고 그 밖의 다른 주요 물질은 지상에서 끊임없이 모였다가 흩어지는 흐름에 다시 합류한다.

물론 새로운 발견은 아니다. 인간human이라는 단어는 땅humus이라는 단어와 뿌리가 같다. 겸손humble 역시 마찬가지인데, 그도 그럴 것이 인간이 겸손한 상태에 머물 수 있는 가장 좋은 방법은 인간이 무엇으로 이루어졌는지 깨닫는 것이기 때문이다. 과학이 인류의 생성을 상세히 설명하기 이전에 전 세계 여러 문화권에서는 인간의 육체가 땅에서 생성되었으며, 죽으면 땅으로 돌아간다는 사실을 알고 있었다. 창세기에서 하느님은 아담에게 이렇게 말한다. "너는 흙이니, 흙으로 돌아갈지어다." 아담이라는 이름은 히브리어로 **아다마**, 즉 '흙'을 뜻한다.

그러나 우리 인간은 그 사실이 썩 달갑지 않았다. 인류의 역사는 인간이 흙에서 왔다는 자명한 사실에 대한 반응이자, 그로 인해 느끼는 고통과 불완전함의 역사라고 볼 수 있다. 하지만 우리는 그게 전부가 아닐 거라고 생각한다.

현대 과학의 상당 부분은 연금술이라 일컫는, 화학물질을 다루는 고대 기술에서 발달했다. 연금술이야말로 인간의 유한함을 느끼는 사람들의 오랜 불안감에 대한 가장 최근의, 가장 강력한 인류의 반응이라고 볼 수 있다. 혹자는 연금술이 고대 그리스에서 시작했다고 말한다. 또 혹자는 최초의 연금술사는 그보다 훨씬 더 앞서 아마도 이집트에서 살았으며, 연금술Alchemy이라는 단어가 이집트어 알 케미Al Kemi 혹은 '검은 흙'에서 유래했고, 추측하건대 검은 흙은 나일 강변의 검고 기름진 토양을 일컫는 것이라고 말한다.

기독교 연금술사도 있었고, 유대교 연금술사도 있었으며, 이슬람교 연금술사도 있었고, 혹은 유교 연금술사도 있었다. 연금술사는 어디에나 있었다. 언제 어디에서건 연금술은 시작되었으며, 기가 막히게 정교하고 널리 유행하는 일련의 기술로 성장했다. 연금술은 주로 주석이나 납 같은 비금속을 금으로 바꾸는 기술이었으나, 주된 목적은 불멸성을 회복하는 것이었다. 연금술사는 본디 인류가 불멸성을 지니고 있었으나 오래전에 잃어버렸다고 믿었다.

현대 화학에서 사용하는 도구와 방식 중 상당수는 연금술사들이 엄청난 위험을 감수하면서 발명한 것이다. 물질을 다루는 일에는 위험이 따른다. 연금술사는 물질 자체의 중독이나 폭발 위험은 물론,

종교 단체와의 마찰까지 감수해야 했다. 연금술사가 탄생시킨 과학이 그렇듯 연금술은 – 특히 과학혁명 이전까지 – 유럽에서 이단으로 간주했다.

불멸을 추구하는 연금술사의 여정에서 가장 획기적 발견 중 하나는 어떤 화학물질이나 원소를 그들이 어느 '시험' 과정에 넣었을 때, 이를테면 가열하거나 그 물질과 반응하는 다른 물질과 결합시켰을 때 새로운 물질로 변화한다는 사실이다. 이는 우리가 역사를 통해 받은 수많은 선물처럼 지금은 너무도 당연하게 들리는 사실이다. 그러나 우리가 그 사실을 최초로 발견한 장본인이 아니라서 그런 것일 뿐이다.

인류의 초기 시대는 황금 시대이다.*
— 오비디우스(기원전 43~기원후 17), 고대 로마의 만가挽歌 시인

연금술사는 왜 그토록 금에 관심이 많았을까? 한 가지 이유는 분명하다. 저급한 연금술사 – 자신의 일에 담긴 좀 더 심오한 의미를 이해하지 못한 자 – 는 그저 돈을 벌기 위해 그 일을 했다. 그러나 진짜 연금술사는 다른 이유로 금에 관심이 있었다.*

탄소와 마찬가지로 금은 특별한 물질이다. 금 원자의 핵은 엄청나

게 크다. 79개의 양성자 중에서 금보다 무거운 원소는 네 개뿐이다. 이 거대한 양전하 때문에 금 원자의 핵을 맴도는 전자는 엄청난 속도로 움직인다(빛 속도의 절반 정도로). 연금술 관련 문헌에 따르면 금과 가장 밀접한 관련이 있는 천체인 태양에서 광자 하나가 지구로 오면, 그리고 그 광자가 금 원자에 부딪쳐 튕겨 나가면, 그래서 우연히 우리의 한쪽 눈에 들어가 망막 벽에 부딪치면 뇌에 전달되는 메시지가 우리의 의식 속에서 묘한 쾌감을 불러일으킨다. 우리 인간은 금에 강하게 반응한다. 우리는 늘 그래 왔다.

금은 인간의 경제활동에 엄청난 영향력을 행사한다. 금은 아름답고 비교적 희귀하지만, 우리가 금에 부여한 가치와 달리 실용적 가치는 그다지 크지 않다. 인류라는 종족이 금을 가치 있는 물질이라고 **결정**했을 뿐이다. 그것이 바로 연금술사가 물리적 실험과 그에 따른 내면적·명상적 수행을 통해 그토록 절박하게 금을 갈구했던 이유이다. 그들에게 금은 인간 존재의 천상 측면, 즉 불멸의 영혼이 고체화한, 만질 수 있는 물질로 발현된 것이기 때문이다. 그들은 인간의 또 다른 일면, 즉 인간을 인간이게끔 하는 지상의 측면과 결합된 황금의 측면을 복원하려 애썼다.

우리 인간의 일부는 지상의 것이고 일부는 천상의 것이다. 연금술

● 오비디우스, 《변신담》. 전체 15권 1만 2,955행으로 구성되었으며, 그리스 로마 신화의 여러 신과 영웅들의 불가사의한 변신을 다룬다.

사는 그 사실을 이미 알고 있었다. 우리 역시 그 사실을 알 필요가 있다. 금이 지닌 아름다움처럼, 심지어 금의 빛깔조차도 우리는 실제가 아니라고 배웠다. 감정은 그보다 더 실제가 아니라고 배웠다. 감정은 위험이나 욕망에 반응하며 우리의 육체가 보내는 호르몬적 메시지에 대한 뇌의 반응으로 나타나는 양상일 뿐이라고.

사랑, 아름다움, 선함, 우정. 물질주의 과학을 기반으로 한 세계관에서 이런 것들을 실제 존재하는 것으로 여길 여지는 없다. 그러나 그러한 것은 실제가 아니라는 말을 믿는 순간, 우리는 고대 작가들이 '황금 실'이라고 묘사했던 천상과의 교감을 잃는다. 우리는 약해진다.

사랑, 아름다움, 선함 그리고 우정은 실제이다. 그것들은 비처럼 실제이다. 버터처럼, 나무처럼, 돌처럼, 플루토늄처럼, 토성처럼, 나트륨이나 질산염처럼 실제이다. 지상에 살면서 그것들을 시야에서 놓치기란 너무도 쉽다. 그러나 당신이 놓친 것을 다시 찾을 수 있다.

문맹인 사람들은 다방면에서 무지하지만 결코 어리석진 않다.
왜냐하면 기억에만 의존해야 하기에 중요한 것을
기억할 가능성이 더 높기 때문이다. 반면, 읽을 줄 아는 사람들은

The MAP
of
HEAVEN

기록된 정보의 광활한 도서관에서 길을 잃기 쉽다.[●]
— 휴스턴 스미스(1919~), 미국의 종교학자

인간이 현대의 모습으로 살아온 것은 대략 1만여 년 정도이다. 그 기간 중 대부분의 시간에 다음 세 가지 질문은 우리에게 너무도 중요했다.

우리는 누구인가?
우리는 어디에서 왔는가?
우리는 어디로 가는가?

지상에서 살게 된 이래 상당 기간 동안 인간은 영혼의 세계가 실제임을 믿어 의심치 않았다. 우리 모두가 그곳에서 오는 것이고 죽으면 그곳으로 돌아간다고 믿었다.

수많은 현대 과학자는 인간이 우주에 대해 알아야 할 거의 모든 것을 알게 될 날이 머지않았다고 믿고 있다. 요즘 과학자들 사이에서는 '만물의 법칙A Theory of Everything'에 관한 논의가 활발하다. 만물의 법칙이란 현재 우리가 알고 있는 우주에 관한 모든 정보를 전부다 설명할 수 있는, 그 이름이 말해주듯 그야말로 세상의 모든 섭리

● 휴스턴 스미스, 《세상의 섭리The Way Things Are》.

를 전부 설명할 수 있는 이론을 일컫는다.

그러나 이 이론에는 다소 미심쩍은 부분이 있다. 이 이론은 앞에서 제시한 세 가지 질문에 단 하나의 대답도 하지 않기 때문이다. 우리가 지상에서 보낸 시간의 99.9%에 달하는 시간 동안 우리 인간에게 가장 중요했던 세 가지 질문 말이다. 만물의 법칙에는 천국에 대한 언급이 없다.

천국은 본래 단순히 '하늘'을 의미하는 단어였다.《신약성서》에 나오는 천국은 그렇게 번역되었다. 스페인어로 천국을 뜻하는 시엘로 cielo 역시 하늘을 의미하고, 천장 ceiling과도 어원이 같다. 비록 천국 **이 문자 그대로** 저 위에 있는 게 아님을 알면서도 많은 사람이 여전히 지상 세계 '위에' 존재하는 어떤 차원 혹은 차원들이 있으며, 정신적 관점에서 볼 때 좀 더 차원이 '높은' 세계일 거라는 느낌을 갖고 있다. 이 책에서 나는 '천국'이라는 단어를 사용하고 천국이 우리가 사는 세계 '위에' 있다고 표현하지만, 오늘날 천국이 저 하늘 위에 있고 그 말에서 연상되는 것처럼 단순히 구름과 영원히 빛나는 태양이 있는 한 장소라고 생각하는 사람은 없다는 사실 또한 알고 있다. 여기서 나는 다른 종류의 지리학 용어를 사용한다. 그곳은 실제이면서도 우리에게 익숙한 지상 세계와는 무척 다르고, 그곳과 견주어보면 우리 눈에 보이는 물질세계는 단지 바닷가의 모래 한 알에 불과하다.

우리 인류가 곧 만물의 법칙을 발견할 것이라고 믿는 또 다른 부류가 있다. 그중에는 과학자도 포함되어 있지만, 그들이 말하는 만물의 법칙은 유물론적 과학에서 말하는 만물의 법칙과는 사뭇 다르다.

이 법칙은 일반 법칙과 두 가지 측면에서 큰 차이가 있다.

첫째, 이 법칙은 우리 인간이 결코 만물의 법칙을 발견할 수 없다고 상정한다. 그것이 공격적인 유물론에 입각한 정보 중심의 법칙을 말하는 것이라면 말이다.

둘째, 새로운 만물의 법칙에서는 원시 시대부터 전해져 내려온 인간 조건에 관한 본질적 질문을 제기할 것이다. 그 법칙에는 천국이 포함될 것이다.

나는 의식을 근원적인 것으로 본다. 그리고 물질은 의식에서
파생된 것으로 본다. 우리는 의식을 배제할 수 없다. 우리가 이야기하는
모든 것, 우리가 존재한다고 여기는 모든 것은 의식을 상정한다.
— 막스 플랑크(1858~1947), 독일의 양자물리학자

3세기에 걸친 부흥 시대를 보내고 20세기에 이르자 과학, 특히 물리학으로 알려진 분야에서 놀라운 일이 벌어졌다. 깊이 파고들어 보면 문제의 핵심은 물리학으로 설명할 수 없는 현상을 발견한 것이다. 과학이 완벽하게 이해했다고 믿은 물질은 알고 보니 과학이 생각했던 것과 전혀 달랐다. 과학이 이 세상을 만드는 궁극의 단위라

고 믿어온, 깨뜨릴 수 없고 바위처럼 견고한 조그만 단위인 원자는 그리 견고하지도 않을뿐더러 깨뜨릴 수 없는 것도 아니었다. 물질은 엄청나게 강력하지만, 비물질적인 힘의 놀랍도록 정교한 배열이었다. 물질 자체에는 물질적 요소가 없었다.

그게 전부가 아니었다. 과학이 물질만큼이나 잘 알고 있다고 생각했던 개념이 있다면 그건 바로 공간이었다. 공간은 물질이 움직이는 영역으로 단순하고 명쾌했다. 그러나 공간 역시 '그곳에' 있는 게 아니었다. 적어도 과학자들이 생각했던 것처럼 단순하고, 명쾌하고, 이해하기 쉬운 방식으로는. 공간은 구부러지고 늘어났으며, 설명할 수 없는 방식으로 시간과 연결되어 있었다. 단순한 것과는 거리가 멀었다.

그것만으로는 부족하다는 듯 또 다른 문제가 대두되었다. 과학이 오랫동안 인지하고 있었지만, 그때까지 전혀 관심을 보이지 않은 요소였다. 근대 과학 이전의 사람들은 이 요소를 현실 인식의 중심에 놓고 수십 개의 단어를 붙였음에도, 과학은 17세기에 이르러서야 이 현상을 설명할 단어를 만들어냈다. 이 새로운 요소는 바로 단순하면서도 한편으로는 전혀 단순하지 않은 깨어 있음의 상태, 즉 자아와 자아를 둘러싼 세상에 대한 의식이었다.

과학계에서는 의식이 무엇인지 갈피를 잡지 못했지만 그때까지는 전혀 문제가 되지 않았다. 학자들은 연구에서 의식을 배제했다. 측정이 불가능한 의식은 실제가 아니기 때문이었다. 그러나 1920년대의 양자역학 실험을 통해 우리가 의식을 감지하는 게 **가능하다**는 것은 물론, 아원자$^\bullet$ 단계에서는 감지하지 않을 **도리가 없다**는 사실이 밝혀졌다. 왜냐하면 관찰자의 의식은 그가 관찰하는 모든 것과 연결되어 있기 때문이다. 이는 어떤 과학 실험에서도 배제할 수 없는 부분이었다.

참으로 충격적인 사실이 아닐 수 없었다. 비록 모든 과학자가 지금도 여전히, 전반적으로 그 사실을 외면하기로 선택하지만 말이다. 우주의 모든 것을 물질적 관점에서 완벽하게 설명할 날이 임박했다고 믿는 수많은 과학자에게는 너무나 안타깝지만, 이제 의식은 과학의 핵심 영역으로 부상하고 있으며, 더 이상 변방으로 밀려나기를 거부하고 있다. 세월이 흐르고 일반적으로 양자역학이라고 알려진 아원자 단계의 과학 실험이 좀 더 섬세해지면서 모든 실험에서 의식의 핵심 역할은 비록 설명이 불가능할지언정 한층 명확해졌다. 헝가리 출신의 미국 이론물리학자 유진 위그너는 "의식에 대한 언급 없이 일관성 있는 방식으로 양자역학의 법칙을 도출해내기란 불가능했다"라고 썼다. 스페인의 수리물리학자 에른스트 파스쿠알 요르단은 좀 더 강력하게 그 문제를 제기했다. "관찰은 측정되는 대상에 영향을 미칠 뿐 아니라 그것을 만들어낸다." 그의 말은 우리가 상상으로 실제 현실을 만들어낸다는 의미라기보다 의식이 실제 현실과 너

$\bullet$ 원자보다 작은 입자.

무나 밀접하게 연결되어 있어 의식 없이 현실을 인식하는 것은 불가능하다는 뜻이다. 의식이야말로 진정한 존재의 기반인 것이다.

물리학계는 양자역학 실험 결과가 우주 섭리에 대해 밝혀낸 사실이 어떤 의미인지 이미 설명했다. 베르너 하이젠베르크, 루이 드 브로이, 제임스 진스, 에르빈 슈뢰딩거, 볼프강 파울리, 막스 플랑크를 비롯한 이 분야의 걸출한 창시자들은 아원자계의 원리에 관한 실험 결과를 이해하려 애쓰다가 신비주의에 빠져들었다. '측정 문제'●에 따르면, 의식은 진화하는 실제의 본질을 결정하는 데 중대한 역할을 한다. 관찰자와 관찰 대상을 분리할 방법은 없다. 양자역학 실험을 통해 나타난 실제는 지상 세계의 일상을 기반으로 한, 우리의 기대를 완전히 저버리는 반직관적인 것이다. 한층 깊은 이해와 해석을 위해서는 의식, 인과관계, 공간, 시간에 대한 좀 더 철저한 재연구가 필요하다. 양자물리학의 핵심에 자리 잡고 있는 심오한 수수께끼를 초월하려면, 의식(영혼 혹은 정신)의 실제를 만물의 기반으로 포용할 수 있도록 물리학을 보강하는 작업이 필요하다.

● 양자역학에서 원자·분자 및 원자핵·소립자 상태를 표현하는 데 사용하는 함수인 파동함수의 붕괴를 측정할 수 있느냐 없느냐의 문제.

나는 인류의 신비가 정신세계의 모든 것을 뉴런 활동 패턴의 관점으로
설명하는 약속성 물질주의promissory materiliam*를 주장하는
과학적 환원주의에 의해 심각하게 훼손되었다고 생각한다.
이러한 믿음은 일종의 미신으로 분류해야 한다. ……우리는 물질세계에
존재하는 육체와 두뇌를 지닌 물질적 존재인 만큼, 영적 세계에
존재하는 영혼을 지닌 영적 존재라는 사실을 인식해야 한다.
— 존 C. 에클레스(1903~1997), 호주의 신경과학자

　　의식의 본질 그리고 물질세계에서 떠오르는 실제와 의식의 관계
에 대한 명확한 인식 없이는 실제의 본질에 관한 이야기를 시작하는
것조차 불가능하다. 과학자들이 이른바 '의식이라는 난제'라고 일컫
는 분야에 물리학 이론으로 무장한 사람들이 무조건적으로 뛰어든
다면 우리는 훨씬 큰 진보를 이룰 수 있을 것이다. 이 난제의 핵심은
두뇌가 특유의 복잡성으로 의식을 만들어낸다는 현대 신경과학의
가정에 있다. 그러나 어떤 원리로 이런 현상이 발생하는지에 관한
설명은 일체 존재하지 않는다. 실제로 두뇌에 대한 연구를 거듭할수
록 우리는 의식이 두뇌와 별개로 존재한다는 사실을 깨닫게 될 뿐이

• 과학이 아직 설명하지 못한 현상도 결국에는 설명할 수 있을 거라고 주장하는 물질
　주의.

다. 로저 펜로즈, 헨리 스태프, 에미트 고스와미, 브라이언 조지프슨처럼 의식을 물리학 모델에 통합하려 노력한 물리학자들도 있지만, 물리학계의 대다수 학자는 연구가 필요한 좀 더 심오한 영역에서는 무지한 상태에 머물고 있다.

과학이 비물질적 현상의 연구를 시작하는 날,
과학이 존재해온 지난 수세기보다 더 많은 진보를
10년 내 이루게 될 것이다.
— 니콜라 테슬라(1856~1943), 미국의 전기공학자

　　내가 절대적으로 옹호하는 새로운 '만물의 지도 Map of Everything' 이론은 지난 세기 과학이 이루어낸 모든 획기적 발견을 아우를 뿐 아니라, 나아가 20세기 초반의 물질주의 과학을 엄청난 혼란에 빠뜨린 물질과 공간의 본질, 의식의 중심적 역할에 대한 획기적 발견도 포함한다. 또한 이 이론은 – 아원자 입자는 실제로 어느 한 장소에 있는 것이 아니라, 끊임없이 통계적 개연성 상태에 머물고 있어 여기 존재할 수도 있고 저기 존재할 수도 있지만 – 의심할 여지없는 단한 지점에 박혀 있는 것은 아니라고 주장한 물리학자 베르너 하이젠베르크의 이론과 같은 발견도 천명할 것이다. 빛의 단위인 하나의 광자는 동일한 광자 상태에서도 측정하는 방식에 따라 하나의 파장

으로 나타날 수도 있고 **하나의 입자로 나타날 수도 있다는 발견 또한 포용한다.**

에르빈 슈뢰딩거가 발견한 것처럼 특정한 아원자 실험 결과는 그 결과를 기록하는 관찰자의 의식에 따라 결정되고, 관찰자는 실제로 시간을 '되돌릴' 수 있어 사흘 전에 밀봉한 상자 안에서 일어난 원자핵 반응은 의식이 있는 관찰자가 상자를 개봉하고 반응을 기록할 때까지는 실제로 끝난 것이 아닐 수도 있다는 발견 또한 포용한다. 의식이 그 상황 속으로 들어가 그것을 실제로 못 박기 전까지 원자핵 반응은 일어나는 동시에 일어나지 않은, 일종의 유예 상태에 머물고 있는 것이다.

새로운 지도 이론에는 전혀 다른 연구 분야에서 도출해낸 엄청난 양의 데이터가 포함된다. 물질주의 과학자들이 과거에 의식보다 더 홀대했던 분야이자 교조적 종교계에서는 거들떠보지도 않던 분야, 바로 임사臨死 체험이다. 이는 종말 체험이라고도 할 수 있다. 이 세상을 떠난 사랑하는 이들과 재회한 생생한 순간, 수많은 사람이 경험한 너무나 이상하지만 너무나 실제적인 영적 세계와의 조우, 교조적 과학도 교조적 종교도 거론을 용납하지 않았던 바로 그것. 사람들이 항상 내게 얘기하고 싶어 하는 사건이다.

알렉산더 박사님

박사님의 체험에 관한 글을 감명 깊게 읽었습니다. 그 글을 읽고 돌아가시기 4년 전 제 아버지의 임사 체험이 떠올랐습니다. 아버지는 천체물리학 박사였고, 임사 체험 전까지는 100% '과학적 사고'를 하는 분이셨습니다.

아버지는 집중치료실에서 상당히 위독한 상태였습니다. 마음고생을 많이 한 분이라 모든 장기가 망가지고 폐렴에 걸릴 때까지 알코올 중독자로 사셨습니다. 석 달 가까이 집중치료실에 계셨고, 그 기간 동안 약물 중독성 혼수상태에 빠졌습니다. 의식을 회복하기 시작하면서 아버지는 천사 같은 사람들과 함께 있었다는 이야기를 하셨습니다. 천사들이 아버지에게 걱정하지 말고, 다 잘될 거라고 했답니다. 또 아버지가 병에서 회복해 더 살 수 있을 거라고 했다는군요. 아버지는 천사들이 도와줘 더 이상 죽음이 두렵지 않다고 하셨습니다. 회복한 이후 아버지는 제게 이렇게 말씀하셨습니다. 설령 당신이 죽더라도 걱정하지 말라고, 아버진 괜찮을 거라고.

……그 체험 이후 아버지는 완전히 달라졌습니다. 더 이상 술을 마시지 않았죠. 하지만 ……그 얘기를 하는 것을 무척 힘들어했습니다. 워낙 속을 털어놓지 않는 분이라…….

아버지는 대동맥 파열로 수면 중 세상을 떠났습니다. 병원에 입원하고 4년 만이었지요. 돌아가신 후 아버지 집에서 똑같은 글귀가 계속

The MAP
of
HEAVEN

발견되었습니다. 'GaHf'라고 적힌 메모지였죠. 우리는 그 글귀가 "수호천사들, 믿음을 가져라Guardian angles. Have faith"라는 결론을 내렸습니다. 아마도 수호천사들이 아버지의 금욕 생활에 도움을 준 것 같습니다. 어쩌면 아버지가 유체를 이탈했을 때 느꼈던 편안함을 회상하는 데 도움이 된 건지도 모르겠습니다.

아버지가 돌아가시기 전, 죽으면 어떻게 될 것 같으냐고 물었던 기억이 납니다. 아버지는 당신도 잘 모르겠다며, 인간이 아직 밝혀내지 못했지만 언젠가는 밝혀낼 거라고 말씀하셨지요. 제 생각에 아버지는 과학과 영혼이 만나는 곳에 다녀오신 것 같습니다. 박사님의 글을 읽고 너무도 마음이 편안해졌고, 아버지의 체험에 다시 한 번 확신을 갖게 되었습니다.

항상 감사드리며
파스칼

사람들은 왜 내게 이런 이야기를 하는가? 대답은 간단하다. 내가 임사 체험을 한 의사이기 때문이다. 나는 언제나 확고한 '교조적 과학' 편에 서 있다가 임사 체험 이후 완전히 반대편으로 건너간 사람이다. 그렇다고 해서 '교조적 종교' 편으로 건너간 것은 아니고, 말하자면 제3의 입장을 취하게 된 사람이다. 바로 과학이나 종교 모두그 나름의 교훈이 있지만, 지금까지 그리고 앞으로도 영원히 그 두

가지가 모든 걸 대답해주진 않을 거라고 믿는 쪽이다. 내가 서 있는 자리에서는 우리 인류가 획기적으로 새로운 사건을 앞두고 있다고 믿는다. 그것은 바로 우리가 우리 자신을 이해하고 체험하는 방식을 영원히 바꾸어놓을, 정신과 과학의 결혼이다.

알렉산더 박사님

34년 전 임사 체험을 했습니다. 하지만 제가 직접 경험한 것이 아니라 어머니가 했지요. 어머니는 병원에서 암 치료를 받고 있었는데, 의사들은 어머니에게 살날이 기껏해야 6주 정도 남았다고 했습니다. 토요일이었고, 저는 월요일에 오하이오에서 뉴저지로 가는 비행기를 탈 예정이었습니다. 정원에 나가 있는데, 갑자기 어떤 느낌이 저를 관통했습니다. 너무도 강렬한 느낌이었지요. 그것은 어마어마한 사랑이었습니다. 우리가 상상할 수 있는 가장 큰 '희열'이랄까요. 저는 일어서서 곰곰이 생각했습니다. 대체 이게 뭐지? 순간, 그 느낌이 다시 저를 관통했어요. 모두 세 번이었습니다. 저는 어머니가 세상을 떠났음을 알았습니다. 마치 어머니가 저를 안으면서 동시에 저를 관통하는 것 같은 기분이었죠. 어머니가 그럴 때마다 저는 매번 초현실적이고 믿을 수 없는, 헤아릴 수 없는 사랑을 느꼈어요.

이런 일을 경험한 저는 어리둥절한 상태로 집으로 들어갔어요. 그리고 언니에게서 걸려올 전화를 기다렸죠. 10분 뒤 전화벨이 울렸는데, 언니였어요. "엄마가 돌아가셨어." 수화기 너머에서 들려온 말이었어요. 30년이 지났지만 지금도 이 얘기를 하면 눈물이 납니다. 슬픔의 눈물이 아닌 기쁨의 눈물이에요. 정원에서 겪은 세 차례의 경험은 제 삶을 영원히 바꾸어놓았어요. 그날부터 저는 죽음이 두렵지 않았습니다. 솔직히 저는 세상을 떠난 사람이 부럽기까지 합니다(이상하게 들릴지 모르겠지만 사실이에요).

그 일이 일어났을 때만 해도 임사 체험에 관한 TV 프로나 책이 없었어요. 요즘처럼 공공연히 일어나는 현상이 아니었죠. 그래서 그 일을 어떻게 받아들여야 할지 알 수 없었죠. 하지만 그게 실제 일어난 일이었다는 걸 알고 있었습니다.

진 헤링

《나는 천국을 보았다》에서 나는 급성 박테리아성 뇌막염으로 인한 희귀한 발작 증세로 병원에서 7일간 깊은 혼수상태에 빠진 경위를 설명했다. 그 시간 동안 나는 지금까지도 받아들이고 이해하려 노력 중인 체험을 했다. 일련의 초자연적 세계를 관통하는 여행을 했는데, 각 단계는 이전 단계보다 더 놀라웠다.

'지렁이의 시야'라고 표현한 첫 번째 단계에서 나는 마치 땅속에 있는 것 같은 원시적·태곳적 의식 상태였다. 그러나 그곳은 평범한 땅속이 아니었다. 왜냐하면 그 속에 있을 때 주변의 다른 형체나 다른 개체를 느낄 수 있었고 때로는 보고 듣기도 했기 때문이다. 한편으로는 섬뜩했고 한편으로는 편안했다. 마치 내가 그 순간, 그리고 지금까지 내내 그 원시적 어둠의 일부인 것 같은 기분이 들었다. 사람들은 내게 "거기가 지옥이었나요?"라고 묻곤 한다. 지옥이었다면 적어도 약간의 교류가 있을 법도 한데, 그곳은 전혀 그렇지 않았다. 지상 세계를, 혹은 인간이 어떤 존재인지조차 기억하지 못했는데도 당시 내게 호기심이라는 감각은 남아 있었다. 그때 나는 "누구? 무엇? 어디?"라는 질문을 던지곤 했지만, 그 대답은 내 머리를 스치지도 않았다.

마침내 빛의 존재, 즉 내가 '회전하는 멜로디'라고 부른 아름다운 천상의 음악을 연주하는 둥근 물체가 살아 있는 금빛·은빛 빛줄기를 퍼뜨리며 위에서 천천히 내려왔다. 올 굵은 천이 찢기듯 그 빛의 틈이 벌어졌고, 나는 마치 관문처럼 그 틈을 통과해 싱그럽고 비옥한 녹음으로 가득 차 있으며 폭포수가 투명한 연못으로 흘러내리는, 아찔할 정도로 아름다운 계곡으로 들어섰다. 나는 수백만 마리의 파닥거리는 나비 떼 중 한 마리의 날개 위에 앉은 한 점의 의식이었다. 아름다운 검푸른 벨벳 같은 하늘이 쏟아져 내리는 황금빛 구체들로 가득 차는 광경을 목격했는데, 나중에 나는 그것을 뭉게뭉게 피어오르는 색색의 구름 위에 반짝이는 흔적을 남기는 천사들의 합창이라고 불렀다. 그 성가대는 내가 지상에서 경험한 어떤 것과도 견줄 수 없는 찬가와 성가를 불렀다. 그곳에는 내가 '세계 너머의 세계'라고 부르게 된, 좀 더 큰 우주들이 펼쳐져 있었고 그 세계들은 내가 배워야 할 어떤 가르침을 주기 위해 그곳에 있었다. 천사의 합창은 내게 좀 더 높은 세계로 가는 관문을 제공했다. 나는 중심 근원, 즉 신의 가장 깊은 성소sanctum sanctorum에 도달할 때까지 계속 상승했다. 중심 근원에서는 말로 표현할 수 없는 신성하고 조건 없는 사랑이 넘쳐흘렀다. 그곳에서 나는 무한히 강력하고 전지전능한 신을 만났다. 그 세계에서 너무도 두드러지게 들려오는 소리 때문에 나는 그 신을 훗날 옴Om이라고 불렀다. 나는 내 능력으로는 도저히 설명할 수 없는 깊이와 아름다움을 그곳에서 배웠다. 중심 근원 속에 있는 내내 우리 셋(무한한 신, 찬란한 구체 그리고 순수한 의식의 깨어 있음)에 대한 의식만은 또렷했다.

그 여행길에는 안내자가 있었다. 관문의 세계에서 의식의 점이 되어 나비 날개를 타고 있을 때 처음 나타난 기막히게 아름다운 여인이었다. 전에 한 번도 본 적 없는 여인이라 나는 그가 누구인지 몰랐다. 그러나 그 존재만으로 내 마음은 치유되었고, 여인은 내가 가능할 것이라고 생각해본 적 없는 방식으로 나를 완전하게 만들었다. 실제로 말을 하지는 않았지만 내가 가늠할 수 없을 정도로 사랑받고 있으며 보살핌을 받고 있음을, 이 우주가 내가 꿈꾼 것보다 훨씬 더 광활하고 훌륭하며 아름다운 곳임을 내게 알려주었다. 나는(우리 모두가 그렇듯) 대체 불가한 전체의 일부이며, 지금까지 내가 느낀 모든 슬픔과 두려움은 이 가장 중요한 사실을 잊은 데서 비롯한 것이었다.

THE MAP *of* HEAVEN

THE MAP
of
HEAVEN

부록
우리 안에 내재되어 있는 대답

-

감사의 말

-

참고 문헌

우리 안에 내재되어 있는 대답

소리의 비밀을 알고 있는 자는 우주의 비밀을 알고 있다.

– 하자트 이타야트 칸(1882~1927), 인도의 종교인

우리는 누구인가?

우리는 어디에서 왔는가?

우리는 어디로 가고 있는가?

임사 체험 여행을 통해 나는 진정한 탐구자라면 자기 존재의 진실을 깨닫는 데 근접하기 위해 자신의 의식 깊은 곳으로 파고들어야 한다는 사실을 알았다. 다른 사람의 체험이나 생각을 읽고 듣는 것만으로는 충분치 않다. 우리가 항상 보아왔듯 과학 이론과 종교 교리는 항상 옳은 것만은 아니기에 이른바 전문가라는 사람을 맹목적으로 추종하기보다는 우리 내면의 안내 체계에 대한 신뢰를 갖는 것이 무엇보다 중요하다.

이러한 지식을 얻기 위해 반드시 임사 체험이나 그 밖에 다른 형태의 외부적 체험이 필요한 것은 아니다. 이는 의도적으로 개발할 수도

있다. 오랜 시간 수련한 명상가나 신비주의자는 1,000년에 걸쳐 그 사실을 입증해왔다. 나는 혼수상태에서 깨어난 후 몇 년이 지나서야 이 사실을 이해했지만, 영적 세계와의 관계를 확대하려면 정기적인 명상 패턴을 개발해야 한다. 나는 일종의 집중기도, 의미가 있는 소리를 이용한 명상을 통해 혼수상태에서 여행한 가장 심오한 초현실 세계로 다시 들어갈 수 있음을 알게 되었다. 그러한 명상을 통해 내 혼수상태 여행의 요소를 다시 점검할 수 있었을 뿐 아니라, 깊은 내면에 도달할 수 있었다. 혼수상태 여행에서 이동을 가능케 해준 것처럼 소리는 우리 모두에게 중요한 역할을 한다. 지금, 바로 이곳에서도.

2008년 11월, 혼수상태에 빠졌을 때 나는 집중 초음파 수술 재단Focused Ultrasound Surgery Foundation에서 1년 넘게 일하고 있었다. 그곳에서 내가 주로 한 업무는 이 강력하고 혁신적 기술을 바탕으로 전 세계 의학 연구를 관장하는 일이었다. 내가 그 기술을 처음 접한 것은 1990년대 초반 하버드 의대의 '수술 중 자기공명영상IMRI, Intraoperative Magnetic Resonance Imaging' 프로젝트에 참여한 때였다. 당시 나는 물질과의 상호작용에서 소리가 만들어내는 놀라운 효능에 대해 배우고 있었다. 특히 향상된 자기공명 이미지를 통해 초음파(인간 청력의 최고치인 초당 혹은 헤르츠당 빈도 2,000회 이상)가 발열 효과와 기계적 효과를 유도할 수 있으며, 다양한 치료법을 통해 의학계의 혁신을 이룰 수 있음을 직접 확인할 수 있었다. 알고 보니 그곳에서 내가 했던 연구는 그저 소리가 물질세계에 어떤 영향을 미치는지에 관한 수박 겉 핥기 식에 불과했다.

《나는 천국을 보았다》의 독자들은 음악, 소리, 진동이 임사 체험 중 영적 세계의 전체 범위에 접근하는 데 중요한 열쇠가 되었다는 사실을 알고 있다. '지렁이 시야의 세계'에서 나를 구원하고 초현실적 계곡의 관문 역할을 한 순백의 회전하는 멜로디부터 목가적인 천국의 계곡을 지나 보다 높은 영역으로 올라가서 모든 시간과 공간을 초월한 중심 근원에 이르도록 내 상승을 유도해준 천사들의 합창과 찬가에 이르기까지. 나는 중심 근원 속에 있었고 무한히 강력하고 전지전능한 사랑의 존재, 이름을 붙일 수도 형언할 수도 없는 신과 연결된 소리 '옴'에 대해 엄청난 경외감을 느꼈다.

강연을 마칠 때 내가 가장 자주 받는 질문 중 하나는 그 음악, 특히 순백의 회전하는 멜로디를 기억하느냐는 것이었다. 그 질문에 대답하자면, 나는 그 기적 소리에 대한 기억을 잃었다. 그러나 몇몇 사람과 그 소리를 지상에서 재생하기 위해 노력해왔다. 런던에 거주하는 사스키아 무어는 '죽음의 심포니 Dead Symphony' 프로젝트•를 통해 그녀가 만난 다른 임사 체험자들에게서 내가 임사 체험 때 들은 음악과의 유사성을 발견했다.

민족음악학자이자 소리 연구가로 음악 치료를 연구하고 시행해온

• '죽음의 심포니' 프로젝트에 관한 자세한 정보 http://saskiamoore.tumblr.com desdsymphny 참고.

알렉산드르 타누어스와의 만남에서도 나는 소리와 명상에 관한 아주 특별한 체험을 했다. 내가 알렉산드르를 처음 만난 것은 위스콘신주 매디슨에서 개최한 '죽음과 죽어감에 관한 생명 윤리 포럼'에 참석했을 때였다. 그는 징, 종 그리고 고대 티베트의 싱잉 볼 singing bowl●을 이용한 황홀한 소리 명상으로 관중을 매료시켰다.

그로부터 몇 주 뒤, 나는 개인 레슨을 받기 위해 뉴욕시티에 위치한 알렉산드르의 스튜디오에서 그를 만났다. 그는 내게 놀라운 소리 여행을 제공했다. 그 여행은 이 세상의 것이라고 말할 수 없는 체험이었다. 나는 그가 만들어낸 소리를 통해 들어간 세계의 실제에 충격을 받았다. 그곳은 이곳과 전혀 다른 물리학 법칙이 존재하는 세계였다. 나는 굽이쳐 흐르는 강가에서 살랑거리며 흔들리는 잔디를 보았고, 밤하늘에 가까이 있는 어느 은하계의 회전을 목격했다. 내 시간 체험은 뒤집혔다. 몇 시간 동안 여행한 것 같았는데, 실제로는 지극히 짧았다. 내 묘사가 환각성 마약을 흡입한 사람의 얘기처럼 들리겠지만, 이 놀라운 여행은 오직 소리로만 이루어진 것이었다.

이것이 가능한 이유는 **결국 세상의 모든 것이 하나의 진동이기** 때문이다. 우리의 감각기관, 특히 눈과 귀는 진자기의 방사선(인간의 눈에 보이는 빛)이건 고막을 치는 소리의 파장이건 진동파의 진동수로 정보를 처리한다. 마찬가지로 현대 신경과학의 두뇌 기능 모델은 오직

● 청동 그릇 모양의 악기를 나무 막대로 두드리는 티베트의 명상용품.

진동의 결과로서 정보 처리 기능에 의존한다. 진동의 결과란 인간 두뇌 속에 존재하는 방대한 뉴런 연결망의 시공간적 점화 유형을 말하는 것이다. 신경과학에서는 지금까지 당신의 모든 체험이 두뇌의 전기화학적 진동에 다름 아니라고 말할 것이다. 말하자면, 실제 자체라기보다는 실제의 **한 모델**인 것이다.

혼수상태에 빠지기 전에는 특정 종교와 명상 분야에서 소리의 중요성을 거의 알지 못했다. 이후 옴 소리의 중요성에 대해 많은 것을 알게 되었고, 특히 힌두교에서 경전을 암송할 때 그 소리를 주로 사용하고 있음을 알았다. 옴은 오늘날 우리가 사는 세계에서 물질을 생성한 태고의 진동으로 알려져 있다. 중심 근원에서의 체험을 통해 나는 옴이 실제로 모든 존재의 근원임을 깨달았다.

따라서 최근 내 연구는 주로 소리(음악 그리고 소리의 다양한 진동수 조절)를 통해 초현실적 의식 상태로 접어드는 것과 관련이 있다. 이 연구를 통해 나는 내 물리적 두뇌를 배제하기 위해 신피질의 정보 처리 능력을 무효화하고, 내 의식을 자유롭게 하기 위해 노력해왔다. 내가 '지렁이 시야의 세계'에서 투명하고 순백의 빛(회전하는 멜로디)을 따라 관문 계곡의 찬란한 실제 현실 속으로 들어갈 때 뇌수막염(그리고 그에 따른 신피질 손상)으로 인해 내가 처음 경험한 놀라울 정도로 고양된 의식의 깨어 있음 상태를 모방하고 싶었다. 천사들의 합창은 중심 근원으로 향하는 좀 더 높은 영역으로 안내하는 또 다른 관문을 제공했다. 나는 소리를 이용해서 심오한 혼수상태의 모험을 통해 방문했던 세계를 다시 찾을 수 있을지도 모른다고, 내 뇌파를 특정 주파수로 맞추면 가능할 수도 있다고 생각했다.

가장 단순한 단계에서 생각해보면, 이것은 헤드폰을 통해 양쪽 귀에 약간 다른 주파수를 제공하는 것으로 가능한 일이다. 예를 들어 한쪽 귀에는 100헤르츠의 신호를, 다른 귀에는 104헤르츠의 신호를 보내면 두 신호의 차이로 '바이노럴 비트'가 생성된다. 이 비트 소리는 두뇌 밖에서는 이러한 형태로 존재하지 않는다. 이는 다른 사람들이 들을 수 있는 소리가 아니다.

바이노럴 비트를 생성하는 하위 뇌간의 신경 회로는 두뇌의 원시 회로와 근접해 있는데, 의식에 관한 현대 신경과학 이론에 따르면 원시 회로는 여러 개의 개별적 신경 모듈을 하나oneness의 의식적 인식으로 통합하기 위한 필수적 시간 기제라고 한다. 그래서 그 비트의 주파수가 신피질 내의 주요 전기 활동을 운용하거나 혹은 주도하고, 신피질의 전반적 기능을 조절한다는 것이 내 이론이다.

2011년 11월, 카렌 뉴웰을 만난 것도 이런 맥락에서였다. 카렌은 자신의 깊이 있는 지식과 지혜, 경험으로 내 여행을 여러모로 보완해주었다. 오디오 작곡가이자 엔지니어인 케빈 코시와 카렌은 세이크리드sacred 어쿠스틱스의 창립자로, 동시 생성 주파수를 이용해 주기적으로 다양한 깨어 있음의 상태에 진입하기 위한 연구를 거의

• 특정 소리로 뇌의 뇌파를 조절하는 소리.

1년째 함께 해오고 있다. 나는 그들의 기술이 내가 다시 방문해보고 싶은 특별한 영적 세계에 도달하는 데 도움이 될 엄청난 잠재력을 지녔음을 간파했다. 그들이 녹음한 소리를 처음 들었을 때 그 소리가 내 의식을 두뇌의 제한에서 해방시켰다는 사실은 실로 놀라웠다. 그들이 보유한 기술 중에는 자연의 소리에서 주파수와 배음(고조파)* 을 추출하는 것도 포함되어 있다. 그들은 고대 성전에서 나타나는 음향 효과에서도 영감을 얻었다.

고대 선조들은 영적 세계에 접근하는 도구로서의 음향에 대해 알고 있었다. 1979년에 설립한 페어PEAR, 즉 프린스턴 엔지니어링 아노말리 리서치Princeton Engineering Anomalies Research 그룹은 수십 년간 고대 음향(고대 의식을 치르던 장소에서 음향 연구)을 포함해 물질세계에서 의식의 역할을 연구해왔다. 영국에서 시행한 페어 연구** 에는 고대인이 지은 건축물의 음향 공명 측정도 포함되어 있었다. 형태와 크기가 다양했음에도 불구하고 대부분의 건축물에서 95~120헤르츠 주파수 범위의 공명이 관찰되었다. 이것은 남성의 음역대와 비슷한 범위이다. 비국소적 의식 상태에 접근하기 위해 공명이 강화된 이런 장소에서 성가를 불렀을 거라고 보는 사람들도 있다.

---

* 진동체가 내는 다양한 소리 가운데 원래 소리보다 진동수가 큰 소리.

** www.princeton.edu/~pear/pdfs/1995-acoustical-resonances-ancient-structures.pdf.

이집트 기자Giza에 위치한 대피라미드 안에서 실시한 음향 연구에 따르면, 피라미드 건축가들은 초월적 명상과 꿈의 상태를 일으키는 낮은 주파수 범위(1~8헤르츠)의 공명을 만드는 장치를 세심하게 고안했다고 한다. 대피라미드 내 왕의 묘실에 들어가본 현대 관광객들은 그 속에서 목소리를 비롯한 다른 소리를 낼 때의 신비로운 경험을 이야기하곤 한다. 전 세계의 웅장한 중세 성당 중 상당수가 이런 음향 효과로 유명하다. 오르간 음악이나 성가대 합창이 건물의 구조와 함께 울려서 신도들로 하여금 영적 고양의 체험을 가능케 하는 것이다. 특히 프랑스의 노트르담 대성당에서는 이 점이 뚜렷하게 나타난다. 대피라미드처럼 노트르담 성당 역시 특정한 배음을 강화하도록 설계했다. 그곳에서 듣는 그레고리오 성가는 유난히 웅장한데, 그 성가의 목적은 듣는 사람과 노래하는 사람 모두 신과 직접적으로 교감하도록 돕는 것이다.

신경외과 의사로서 나는 수십 년 동안 뇌 신피질의 지극히 작은 일부만이 언어를 구사하고 이해하며, 인간의 의식적 사고를 생성한다고 생각해왔다. 1980년대 초반부터 벤저민 리벳을 비롯한 여러 학자가 실험을 통해 우리 뇌의 작은 목소리, 즉 '언어적 두뇌'는 의식의 의사 결정자가 아님을 밝혀냈다. 에고 및 자아 개념과 긴밀하게 연결된 언어적 두뇌는 오직 구경꾼일 뿐이며, 의식의 결단이 내려지면 100~150밀리세컨드* 이후 통보받을 뿐이라고 했다. 그러한 선택이 어디에서 연유하는가 하는 문제는 훨씬 더 심오한 미스터리이다.

20세기의 가장 유명한 신경외과의 중 한 명인 월더 펜필드 박사는 1975년 자신의 저서 《정신의 미스터리 The Mystery of the Mind》에서 인간의 의식은 물리적 두뇌로부터 **생성되는** 것이 아님을 선포했다. 그는 수십 년 동안 의식 있는 환자들의 두뇌에 전기 자극을 가하는 실험을 통해 우리가 자유의지·의식·이성이라고 부르는 것들이 외부에서 육체의 두뇌에 자극을 주는 것으로 보이며, 두뇌에 의해 생성되는 것 같지는 **않다고** 했다.

혼수상태에 빠진 이후에도 나는 도달 가능한 의식의 깊이를 확실히 알 수 없었는데, 세이크리드 어쿠스틱스와 함께 연구를 시작하면서 그 점이 한층 명확해졌다. 음향으로 강화된 명상은 내 머릿속의 작은 목소리와 끊임없는 사고의 흐름(우리의 의식이 아닌)을 차단하고, 그러한 상념의 내적 **관찰자**와 연결되어 나의 깨어 있음이 내 진정한 존재에 좀 더 가까이 다가갈 수 있도록 도와주었다. 두려움 및 갈등과 긴밀하게 연결된 언어적 두뇌(에고, 자아)의 수다를 일시적으로 무력화하고, 명상을 통해 우리의 깨어 있음을 계발함으로써 우리는 의식의 그리고 존재의 진정한 본질에 다가갈 수 있는 것이다.

임사 체험 관련 기록이 저마다 다르듯 사람들은 저마다 다른 방식으로 이 깨어 있음을 체험할 것이다. 나는 명상을 통해 깊은 혼수상태에서 처음 가보았던 세계로 돌아가는 데 성공했다. 또 임사 체험

• 1,000분의 1초를 나타내는 시간 단위.

과정에서 유독 만날 수 없었던 내 아버지의 영혼을 감지하고, 대화를 나눌 수 있었다. 명상을 통해 집중력이 향상되었다거나, 놀라운 창의성을 얻었다거나, 잃어버린 어린 시절의 기억을 되찾았다거나, 의식이 확장되었다거나, 직관이 향상했다고 말하는 사람도 있다. 비물질세계인 우주 의식의 장엄한 단일성과 직접 교감했다는 사람도 있다. 우리의 여행은 모두 독특할 뿐 아니라 그 가능성 또한 무한하다. 의식이라는 선물 덕분에 우리는 의식의 진정한 본질, 그리고 그 모든 것과 연결된 우리 모습을 직접 탐험해볼 수 있는 잠재력을 지니게 되었다.

우리 개개인의 의식이 좀 더 큰 우주 의식의 일부임을 자각할 때 인류 역사가 시작된 이래 가장 위대한 시대로 진입할 것이며, 그 속에서 우리는 모든 존재의 근원적 본질을 보다 깊이 이해할 것이다. 여기에는 1,000년에 걸쳐 쌓아온 지혜의 통합, 과학과 종교의 융합, 우리 존재의 본질에 대한 위대한 개념의 수렴이 수반될 것이다. 대답은 우리 모두의 내면에 있다.

준비됐습니까?

| 감사의 말 |

2008년 11월 혼수상태에서 깨어난 이후 걸어온 나의 놀라운 여정에 전 세계 수많은 사람의 도움과 통찰, 격려를 받는 축복을 누렸다. 그들의 수많은 편지, 이메일, 대화 등이 내게 힘과 확신을 주었다. 그들 모두에게, 특히 이 책에 수록된 이야기 주인공들에게 진심 어린 감사를 전한다.

내게 다가오는 영혼들과 진정한 교감을 할 수 있도록 도와준 나의 여동생 필리스 알렉산더는 나와 다른 이들에게 크나큰 축복이었다. 나의 조카딸 데이턴 슬라이도 이 지속적인 노력에 도움을 주었다.

모든 면에서 내 영혼의 동반자인 카렌 뉴웰은 내게 자신의 열정과 지식을 나누어주었고, 우리 모두의 본모습인 사랑을 이 세상의 현실 속에 불어넣었으며, 보다 나은 세상을 만드는 일을 도왔다.

나의 특별한 문학 에이전트 게일 로스와 그녀의 동료 하워드 윤, 나의 여동생 필리스와 나의 정신없는 일정을 정리해준 다라 케이,

애나 스프롤 - 라티머, 그리고 로스 윤 에이전시의 많은 사람에게도 감사한다.

부사장 겸 편집장 프리실라 페인턴, 부사장 겸 발행인 조너선 카프, 하들리 워커, 앤 테이트 페어스, 그 외 사이먼 & 슈스터의 직원들은 보다 나은 세상을 만들기 위한 놀라운 비전, 열정, 노력을 보여 주었다.

나의 집필을 도와준 프톨레미 톰킨스의 폭넓은 지식과 통찰력, 문장력에 감사한다.

레이먼드와 셰릴 무디, 빌 구겐하임, 존 오데트, 에드거 미첼, 엘리자베스 해어, 밥 스타레츠, 개리와 론다 슈와츠, 그 외의 수많은 이가 의식물리학과 과학과 영혼의 접점에 대해 대중에게 교육하기 위한 '이터니' 사이트 Eternea.org를 개발하는 데 도움을 주었다.

현대 과학을 보다 폭넓은 지식 세계로 확장한 부르스 그레이슨, 에드 켈리, 에밀리 윌리엄스 켈리, 짐 터커, 로스 던시드, 그리고 버지니아대학 인지 연구소의 모든 과학자의 용기 있는 연구에 감사한다.

그 외에도 수많은 친구의 사랑과 보살핌이 나의 여정에 큰 도움을 주었다. 조디 하치키스, 척 블리츠, 램 다스, 개리 주카브와 린다 프랜시스, 케빈과 캐더린 헤르만 코시, 알렉산드르 타나우스, 아니타와 다니 무어자니, 마이클과 마지 볼드윈, 버지니아 허멜, 바랏 미트라와 바바니 레브, 데브라 마틴과 셰리 게턴, 래리 도세이, 핌 반 로

멜, 개리 길먼, 마이클과 수전 에인슬리, 조니 에번스, 마리 웰르 로렌스, 테르 블레어 햄리시, 주디스 콜드웰, 알렉스와 진 트레벅, 테리 비버스, 제이 게인버러, 라이언 나이턴, 그 외에도 수많은 이가 있다.

무엇보다도 아낌없는 사랑과 지속적인 격려로 모든 것을 더 잘 이해할 수 있도록 도와준 나의 사랑하는 가족들에게 감사한다. 하늘이 내게 보내준 두 아들 이븐 4세와 본드, 나의 사랑하는 부모님, 베티와 이븐 알렉산더 주니어, 나의 여동생 진, 벳시, 필리스, 나의 전 아내 홀리 벨 알렉산더, 나의 사랑하는 생물학적 가족들, 특히 내가 이 세상에서 만나본 적 없고 이미 세상을 떠난, 역시 이름이 벳시인 나의 생물학적 여동생에게 감사한다. 그녀의 애정 어린 영혼은 지금도 나에게 엄청난 도움을 준다.

가장 특별한 감사는 그 어떤 말로도 표현할 수 없는, 신에게 바친다.

이븐 알렉산더

The MAP
of
HEAVEN

| 감사의 말 |

이븐과 함께 했던 작업은 내 평생 가장 멋진 모험이었다. 그와 우리의 훌륭한 편집자 프리실라 페인턴과 더불어 케이트 파렐, 제리 스미스, 진 콜로글리, 아트 클리베노프, 테리 맥거번, 칼, 타로 그린펠드, 빌 매니, 알렉산더 브릴랜드, 시드니 타니가와, 소피아, 지메네즈, 스티브 스티너리치, 필 탈레스키, 랠프 화이트, 크리스 뱀포드, 리처드 라이언, 리처드 스몰리, 올리버 레이, 보카라 레젠더, 마이클 볼드윈, 엘리스 위아다, 데이브 스탱, 개리 라크만, 미츠, 호로위츠, 가드프레이 체셔, 르네 구달, 로빈과 스튜어트 레이, 크리스티 로브, 그리고 특별히 나의 아내 콜리과 의붓딸 에비, 룰루, 마라에게 감사한다.

프톨레미 톰킨스

Alexander, Eben. 《나는 천국을 보았다Proof of Heaven: A Neurosurgeons Journey into the Afterlife》 New York: Simon & Schuster, 2012.

Alexander, Eben, and Karen Newell. 《천국을 찾아서: 초월적 세계로의 소리 여행Seeking Heaven: Sound Journeys into the Beyond》 New York: Simon & Schuster Audiobooks, 2013.

Anderson, William. 《창조자 단테Dante the Maker》 London: Hutchison, 1983
_____. 《영광의 얼굴: 창조, 의식, 그리고 문명The Face of Glory: Creativity, Consciousness and Civilization》 London: Trafalgar Square, 1996.

Arkle, William. 《의식의 지도A Geography of Consciousness》 London: Neville Spearman, 1974.
애클은 오늘날 거의 알려지지 않았지만 나의 경험과 놀라울 정도로 포개어지는 체험을 한 뛰어난 사상가다.

Bache, Christopher. 《어두운 밤, 이른 새벽: 정신의 심오한 생태계로의 한 걸음Dark Night, Early Dawn: Steps to a Deep Ecology of Mind》 Albany: State University of New York Press, 2000.

Baker, Mark C., and Stewart Goetz, eds. 《영혼의 가설: 영혼의 존재를 파헤

치다*The Soul Hypothesis: Investigations into the Existence of the Soul*》
London: Continuum International, 2011.

Blackhirst, Rodney.《원시 주술사와 현대 종교: 전통적 우주론에 관한 에세
이*Primordial Alchemy and Modern Religion: Essays on Traditional
Cosmology*》San Rafael, CA: Sophia Perennis, 2008.
플라톤이 실제로 어떤 생각을 했는지에 대해 너무도 다양한 견해가 있다는 것
이 놀랍다. 플라톤이 오늘날의 우리에게 어떤 의미인지 관심 있는 사람이라면
반드시 이 기발한 수필집을 읽을 것을 권한다.

Bucke, Maurice.《우주 의식: 인간 의식의 진화에 관한 연구*Cosmic
Consciousness: A Study in the Evolution of the Human Mind*》New
York: Dutton, 1956.

Chalmers, David J.《현재 의식: 기본적 이론을 찾아서*The Conscious Mind:
In Search of a Fundamental Theory*》Oxford: Oxford University Press,
1996.

Corbin, Henry.《이란 수피즘에서의 불빛의 인간*The Man of Light in
Iranian Sufism*》Translated by Nancy Pearson. Boulder, CO: Omega
Publications, 1994.

_____.《영적인 육체와 천상의 지구*Spiritual Body and Celestial Earth*》
Translated by Nancy Pearson. Princeton: Princeton University Press,
1989.

_____.《홀로인 자와 홀로 되다: 이븐 아라비의 이란 수피즘에 나타나는 창조적
상상력*Alone with the Alone: Creative Imagination in the Sufism of Ibn
Arabi*》Translated by Ralph Manheim. Princeton: Princeton University
Press, 1998.

Crookall, Robert.《최상의 모험: 영적 대화의 분석*The Supreme Adventure:
Analyses of Psychic Communications. London*: James Clarke, 1961

Dalai Lama. 《심오한 마음: 일상에서 지혜 가꾸기A Profound Mind: Cultivating Wisdom in Everyday Life》New York: Harmony Books, 2012.

_____. 《단 하나의 원자 안의 우주: 과학과 영적 세계의 융합The Universe in a Single Atom: The Convergence of Science and Spirituality》New York: Broadway Books, 2005.

De Chardin, Teilhard. 《기독교와 진화: 과학과 종교에 대한 고찰Christianity and Evolution: Reflections on Science and Religion》Translated by Rene Hague. San Diego, CA: Harcourt Brace Jovanovich, 1971.

_____. 《물질의 핵심The Heart of Matter》Translated by Rene Hague. San Diego,CA: Harcourt Brace Jovanovich, 1978.

Delbrück, Max. 《물질로부터의 이성: 진화적 인식론에 관한 에세이Mind from Matter: An Essay on Evolutionary Epistemology》Palo Alto, CA: Blackwell Scientific Publications, 1986.

Devereux, Paul. 《석기시대의 사운드트랙: 고대 유적지의 음향고고학Stone Age Soundtracks: The Acoustic Archaeology of Ancient Sites》London: Vega, 2002.

Dossey, Larry. 《하나의 이성: 우리 개개인의 이성은 어떻게 보다 위대한 이성의 일부인가, 그리고 그것은 왜 중요한가One Mind: How Our Individual Mind Is Part of a Greater Consciousness and Why It Matters》Carlsbad, CA: Hay House, 2013.
도세이는 의식에 관한 최신 연구와 그런 연구가 우리 모두에게 시사하는 바를 정리했다.

_____. 《예감의 위력: 미래를 알면 삶이 어떻게 달라지는가The Power of Premonitions: How Knowing the Future Can Shape Our Lives》New York: Dutton, 2009.

Elder, Paul. 《천사의 눈동자: 영혼 여행, 영혼의 안내자, 영혼의 짝 그리고 사랑의 진실*Eyes of an Angel: Soul Travel, Spirit Guides, Soul Mates and the Reality of Love*》Charlottesville, VA: Hampton Roads, 2005.

Elkington, David, and Paul Howard Ellson. 《신들의 이름으로: 르네상스와 선사시대의 메시아*In the Name of the Gods: The Mystery of Resonance and the Prehistoric Messiah*》Sherborne, UK: Green Man Press, 2001.

Findlay, J. N. 《동굴의 초월성*The Transcendence of the Cave*》London: George Allen &Unwin, 1967.

Fontana, David. 《사후 세계는 있는가? 그 증거의 포괄적 고찰*Is There an Afterlife? A Comprehensive Overview of the Evidence*》Ropley, UK: IFF Books, 2005.

_____. 《죽음 이면의 삶: 무엇을 기대해야 하는가?*Life Beyond Death: What Should We Expect?*》London:Watkins, 2009.

폰타나는 나와 프톨레미가 가장 좋아하는 작가 중 한 명이다. 그의 두 저서 모두 고전이다.

Fox, Mark, 《종교, 영혼 그리고 임사 체험*Religion, Spirituality and the Near-Death Experience*》New York: Routledge, 2002.

_____, 《특이한 섬광 현상과의 영적 조우: 빛의 형태들*Spiritual Encounters with Unusual Light Phenomena: Light forms*》Cardiff: University of Wales Press, 2008.

Godwin, Joscelyn. 《황금 실: 서구 신비주의 종교에서의 영원한 지혜 *The Golden Thread: The Ageless Wisdom of the Western Mystery Traditions*》Wheaton, IL: Quest Books, 2007.

Groll, Ursula. 《스베덴보리와 새로운 패러다임의 과학*Swedenborg and New Paradigm Science*》Translated by Nicholas Goodrick-Clarke. West Chester, PA: Swedenborg Foundation Publishers, 2000.

Grosso, Michael. 《최후의 선택: 생존 게임*The Final Choice: Playing the*

Survival Game》Walpole, NH: Stillpoint, 1985.

Guggenheim, Bill, and Judy Guggenheim. 《천국에서 안녕! *Hello from Heaven!*》New York: Bantam Books, 1995.

Hale, Susan Elizabeth. 《신성한 장소, 신성한 소리: 신성한 장소에서 나타나는 음향의 신비 *Sacred Space, Sacred Sound: The Acoustic Mysteries of Holy Places*》Wheaton, IL: Quest Books, 2007.

Happold, F. C. 《신비주의: 연구 및 선집 *Mysticism: A Study and an Anthology*》3rd ed. New York Penguin, 1990.
다양한 종류의 신비 체험에 대한 훌륭한 연구로, 프톨레미가 가장 좋아하는 책 중 하나다.

Hardy, Alister. 《인간의 영적본질 *The Spiritual Nature of Man*》New York: Clarendon Press, 1979.

Head, Joseph and Cranston, S. L. 《환생: 불사조의 불의 신비: 종교, 과학, 심리학, 철학, 예술, 문학, 그리고 동서양 현재와 과거의 위대한 사상가들이 죽음과 환생에 관해 나눈 대화 *Reincarnation: The Phoenix Fire Mystery: An East-West Dialogue on Death and Rebirth from the Worlds of Religion, Science, Psychology, Philosophy, Art, and Literature, and from Great Thinkers of the Past and Present*》New York: Julian Press, 1977.

Hogan, R. Craig. 《당신의 영원한 자아 *Your Eternal Self*》Normal, IL: Greater Reality Publications, 2008.

Holden, Janice Miner, Bruce Greyson, and Debbie James, eds. 《임사 체험 편람: 30년간의 조사 *The Handbook of Near-Death Experiences: Thirty Years of Investigation*》Santa Barbara, CA: Praeger, 2009.

Houshmand, Zara, Robert B. Livingston, and B. Alan Wallace., eds. 《교차로의 의식: 과학과 불교에 관해 달라이라마와 나눈 대화 *Consciousness at the Crossroads: Conversations with the Dalai Lama on Brain Science and*

Buddhism》Ithaca, NY: Snow Lion, 1999.

Jahn, Robert G., and Brenda J. Dunne. 《진실의 경계: 물질세계에서의 의식의 역할Margins of Reality: The Rob of Consciousness in the Physical World》New York: Harcourt Brace Jovanovich, 1987.

Jung, C. G. 《기억들, 꿈들, 사고들Memories, Dreams, Reflections》Recorded and edited by Aniela Jaffe New York: Vintage, 1987.

_____. 《동시성: 비인과 관계적 연결 법칙Synchronicity: An Acausal Connecting Principle. Princeton》Princeton University Press, 2010.

Kason, Yvonne, and Teri Degler. 《더 먼 바닷가: 임사 체험을 비롯한 특별한 체험들은 어떻게 일상을 변화시키는가A Farther Shore: How Near-Death and Other Extraordinary Experiences Can Change Ordinary Lives》New York: Harper Collins, 1994. (Republished as Farther Shores, iUniverse, 2008.)

Kelly, Edward F., Emily Williams Kelly, Adam Crabtree, Alan Gauld, Michael Grosso, and Bruce Greyson. 《환원 불가한 마음: 21세기 심리학을 향하여Irreducible Mind: Toward a Psychology for the 21st Century》Lanham, MD: Rowman & Littlefield, 2007.

Knight, F. Jackson. 《엘리시온: 사후의 삶에 대한 고대 그리스와 로마의 개념들에 관하여Elysion: On Ancient Greek and Roman Ideas Concerning a Life After Death》London: Rider, 1970. A truly revolutionary look by a great scholar at what the ancients really thought about death and the afterlife.

Kübler-Ross, Elisabeth. 《사후의 삶에 관하여On Life After Death》Berkeley, CA: Ten Speed Press, 1991.

Lachman, Gary. 《우주의 관리자: 끝나지 않은 세상 속에서 책임 있게 살아간다는 것The Caretakers of the Cosmos: Living Responsibly in an Unfinished World》London: Floris Books, 2013.

영적 세계에 관해 우리가 발견한 사실들을 지금 현재 지상에서의 삶에 어떻게 적용해야 하는가? 라흐만은 그 질문의 답이 될 수 있는 훌륭한 조사 자료를 제공하고 있다.

LeShan, Lawrence. 《초자연의 신과학: 물리적 연구의 전망A New Science of the Paranormal: The Promise of Psychical Research》 Wheaton, IL: Quest Books, 2009.

Libet, B., C. A. Gleason, E. W. Wright, and D. K. Pearl. 〈뇌 활동의 시작과 관련한 의식적 의도의 작동 시기 (준비전위): 자유 자발 행위의 무의식적 시작Time of conscious intention to act in relation to onset of cerebral activity readiness-potential): The unconscious initiation of a freely voluntary act.〉 《Brain》 106 (1983): 623-42.

Libet, Benjamin. 《이성의 시간: 의식의 시간적 요소Mind Time: The Temporal Factor in Consciousness》 Cambridge, MA: Harvard University Press, 2004.

Lockwood, Michael. 《이성, 두뇌&양자: '나'라는 화합물 Mind, Brain & the Quantum: The Compound 'I'》 Oxford: Basil Blackwell, 1989.

Lorimer, David. 《생존? 초자연적 관점에서 본 육체, 정신 그리고 죽음Survival? Body, Mind and Death in the Light of Psychic Experience》 London: Routledge & Kegan Paul, 1984.

_____. 《하나로서의 완전함: 임사 체험과 상호 연결성의 윤리 Whole in One: The Near-Death Experience and the Ethic of Interconnectedness》 New York: Arkana, 1991.

MacGreggor, Geddes 《기독교적 희망으로서의 환생Reincarnation as a Christian Hope》 London: Macmillan, 1982.

McMoneagle, Joseph. 《정신 여행: 원거리 투시를 통한 의식, 시간, 공간 탐험 Mind Trek: Exploring Consciousness, Time, and Space Through Remote

Viewing》Charlottesville, VA: Hampton Roads, 1993.

Maxwell, Meg and Tschudin, Verena.《보이지 않는 것을 보다: 현대 종교를 비롯한 기타 초월적 체험*Seeing the Invisible: Modern Religious and Other Transcendent Experiences*》London: Arkana, 1990.
앨리스터 하디의 종교 체험 연구 센터에서 수집한 대규모 표본 자료와 함께 현대의 신비롭고 초월적인 체험들을 모아놓은 훌륭한 조사 자료이다.

Mayer, Elizabeth Lloyd.《특별한 깨달음: 과학, 회의론, 그리고 인간 정신의 설명할 수 없는 힘*Extraordinary Knowing: Science, Skepticism, and the Inexplicable Powers of the Human Mind*》New York: Bantam, 2007.

_____.《원격 투시의 비밀: 편람*Remote Viewing Secrets: A Handbook*》Charlottesville, VA: Hampton Roads, 2000.

Medhananda.《무한의 바닷가에서 메다난다와 함께*With Medhananda on the Shores of Infinity*》Pondi- cherry, India: Sri Mira Trust, 1998.

Monroe, Robert A.《먼 여행*Far Journeys*》New York: Doubleday, 1985.

_____.《유체 이탈 여행*Journeys Out of the Body*》New York: Doubleday, 1971

_____.《궁극의 여행*Ultimate Journey*》New York: Doubleday, 1994.

Moody, Raymond A., Jr.《삶 이후의 삶: 현상의 고찰-육체적 죽음에서의 생존*Life After Life: The Investigation of a phenomenon—Survival of Bodily Death*》New York: HarperCollins, 2001.

Moody, Raymond, Jr., and Paul Perry.《영혼을 엿보다: 이승에서 저승으로 건너간 사랑하는 이의 여정에 함께하기*Glimpses of Eternity: Sharing a Loved One's Passage from This Life to the Next*》New York: Guide-posts, 2010.

Moorjani, Anita.《진정한 나로 죽다: 암으로 인한 투병 생활, 임사 체험, 진정한 치유*Dying to Be Me: My Journey from Cancer, to Near Death, to True*

Healing》Carlsbad, CA: Hay House, 2012.

Murphy, Michael.《육체의 미래: 인간 본성의 보다 큰 진보로의 탐험*The Future of the Body: Explorations into the Further Evolution of Human Nature*》New York: Tarcher, 1993.

머피의 저서는 인간의 가능성에 대한 일람표로 손색이 없으며, 정보의 보물 창고다.

Nicolaus, Georg. C. G.《융과 니콜라이 베르댜예프: 개성화와 개인*Jung and Nikolai Berdyaev: Individuation and the Person*》New York: Routledge, 2011.

융과 또 한 명의 20세기 위대한 선지자의 훌륭한 저서.

Pagels, Elaine.《믿음을 넘어: 도마 복음의 비밀*Beyond Belief: The Secret Gospel of Thomas.*》New York: Random House, 2003

_____.《사탄의 복음 *The Gnostic Gospels*》New York: Vintage Books, 1979.

Penfield, Wilder.《정신의 미스터리: 의식과 인간 두뇌에 관한 비판적 연구*The Mystery of the Mind: A Critical Study of Consciousness and the Human Brain*》Princeton: Princeton University Press, 1975.

Penrose, Roger.《시간의 주기: 우주에 대한 획기적인 새 관점*Cycles of Time: An Extraordinary New View of the Universe*》New York: Knopf, 2010.

_____.《 황제의 새로운 마음*The Emperor's New Mind*》Oxford: Oxford University Press, 1989.

_____.《진실에 이르는 길: 우주의 섭리에 대한 완벽한 지침서*The Road to Reality: A Complete Guide to the Laws of the Universe*》New York: Vintage Books, 2007.

_____.《마음의 그늘*Shadows of the Mind*》Oxford: Oxford University Press, 1994.

Penrose, Roger, Malcolm Longair, Abner Shimony, Nancy Cart-wright, and Stephen Hawking. 《큰 것, 작은 것, 그리고 인간의 마음The Large, the Small, and the Human Mind》 Cambridge: Cambridge University Press, 1997

Puryear, Herbert Bruce. 《왜 예수는 부활을 가르쳤나: 보다 기쁜 소식의 복음 Why Jesus Taught Reincarnation: A Better News Gospel》 Scottsdale, AZ: New Paradigm Press, 1992.

Radin, Dean. 《의식의 우주: 심령 현상의 과학적 진실The Conscious Universe: The Scientific Truth of Psychic Phenomena》 New York: HarperCollins, 1997.

_____. 《뒤엉킨 마음들: 양자 실제 속에서의 초감각적 체험Entangled Minds: Extrasensory Experiences in a Quantum Reality》 New York: Simon & Schuster, 2006.

_____. 《초자연: 과학, 요가, 그리고 초능력의 증거Supernormal: Science, Yoga, and the Evidence for Extraordinary Psychic Abilities》 New York: Random House, 2013.

Raine, Kathleen. 《예이츠와 상상력의 학습W. B. Yeats and the Learning of the Imagination》 Dallas: Dallas Institute Publications, 1999.

Ramakrishna, Sri. 《슈리 라마크리슈나의 복음 The Gospel of Sri Ramakrishna》 Translated by Swami Nikhilananda. New York: Ramakrishna-Vivekananda Center, 1980.

Ring, Kenneth, and Sharon Cooper. 《마음의 눈: 맹인들의 임사 체험과 유체 이탈 체험Mindsight: Near-Death and Out-of-Body Experiences in the Blind》 Palo Alto, CA: William James Center for Consciousness Studies at the Institute of Transpersonal Psychology, 1999.

Ring, Kenneth, and Evelyn Elsaesser Valarino. 《빛의 가르침: 임사 체험을

통해 무엇을 배울 수 있는가*Lessons from the Light: What We Can Learn from the Near-Death Experience*》New York: Insight Books, 1998.

Robinson, Edward.《최초의 통찰: 아동의 종교 체험 연구*The Original Vision: A Study of the Religious Experience of Childhood*》New York: Seabury Press, 1983.

이 책에서 다룬 하디의 방식을 주로 사용한, 아동의 영적 체험에 대한 훌륭한 탐구.

Rosenblum, Bruce, and Fred Kuttner.《양자 수수께끼: 물리학과 의식의 만남*Quantum Enigma: Physics Encounters Consciousness*》New York: Oxford University Press, 2006.

Russell, Peter.《과학에서 신으로: 어느 물리학자의 의식의 신비 탐험 여행*From Science to God: A Physicist's Journey into the Mystery of Consciousness*》San Francisco: New World Library, 2004.

Schrodinger, Erwin.《생명이란 무엇인가? 마음과 물질 그리고 자전적 단상들*What Is Life? With Mind and Matter and Autobiographical Sketches (Canto Classics)*》Cambridge: Cambridge University Press, 1992.

Schwartz, Stephan A.《무한으로의 열림: 비국소적 깨어 있음의 예술과 과학*Opening to the Infinite: The Art and Science of Nonlocal Awareness*》Buda, TX: Nemoseen Media, 2007.

Sheldrake, Rupert.《과학의 해방: 새로운 발견에 이르는 열 가지 길*Science Set Free: 10 Paths to New Discovery*》New York: Deepak Chopra Books, 2012.

Singer, Thomas.《비전이라는 것: 새로운 세계에서의 신화, 정치, 그리고 마음*The Vision Thing: Myth, Politics and Psyche in the New World*》New York: Routledge, 2000.

Smith, Huston.《세상의 섭리: 영적 삶에 대해 휴스턴 스미스와 나눈 대화*The

Way Things Are: Conversations with Huston Smith on the Spiritual Life》 Edited by Phil Cousineau. Los Angeles: University of California Press, 2003.

Smoley, Richard. 《시바의 주사위 놀이: 의식은 어떻게 우주를 창조하는가*The Dice Game of Shiva: How Consciousness Creates the Universe*》San Francisco: New World Library, 2009.

_____. 《숨겨진 지혜: 서구의 정신적 유산에 관한 지침서 *(제이 키니와 함께) Hidden Wisdom: A Guide to the Western Inner Traditions (with Jay Kinney)*》Wheaton, IL: Quest Books, 2006.

_____. 《내면의 기독교: 소수 종교에 관한 지침서*Inner Christianity: A Guide to the Esoteric Tradition*》Boston:Shambhala, 2002.

스몰리는 고대 종교와 그러한 종교의 이해가 어떻게 오늘날 우리 삶을 보다 의미 있게 만들 수 있는지를 일깨워주는 중요한 안내자이다.

Stevenson, Ian. 《전생을 기억하는 아이들: 환생에 관한 질문*Children Who Remember Previous Lives: A Question of Reincarnation*》Rev. ed. Jefferson, NC: McFarland, 2001.

Sudman, Natalie. 《불가능한 일들의 적용: 임사 체험*Application of Impossible Things: A Near Death Experience*》Huntsville, AR: Ozark Mountain, 2012.

지금까지 나온 모든 임사 체험 기록 중 가장 훌륭하고 의미 있는 자료.

Sussman, Janet Iris. 《시간의 진실*The Reality of Time*》Fairfield, IA: Time Portal, 2005.

_____. 《시간 이동: 차원적 변화의 체험*Timeshift: The Experience of Dimensional Change*》Fairfield, IA: Time Portal, 1996.

Talbot, Michael. 《홀로그램의 우주*The Holographic Universe*》New York: HarperCollins, 1991.

Tarnas, Richard. 《우주와 정신: 새로운 세계관의 시사*Cosmos and Psyche: Intimations of a New World View*》New York: Plume, 2007.

_____.《서구 이성의 열정: 세계관의 틀을 만들어준 개념들의 이해*The Passion of the Western Mind: Understanding the Ideas That Have Shaped Our World View*》New York: Ballantine Books, 1993.

Tart, Charles T. 《물질주의의 종말: 초자연적 현상은 어떻게 과학과 정신을 통합하는가*The End of Materialism: How Evidence of the Paranormal Is Bringing Science and Spirit Together*》Oakland, CA: New Harbinger, 2009.

Taylor, Jill Bolte. 《내 직관의 발작: 어느 뇌 과학자의 사적인 여행*My Stroke of Insight: A Brain Scientist's Personal Journey*》New York: Penguin, 2006.

TenDam, Hans. 《환생 탐험*Exploring Reincarnation*》Translated by A. E. J. Wils. London: Arkana, 1990.

Tompkins, Ptolemy. 《근대 죽은 자들의 책: 죽음, 영혼, 다가올 삶에 실제로 어떤 일이 일어나는지에 관한 획기적 개념*The Modern Book of the Dead: A Revolutionary Perspective on Death, the Soul, and What Really Happens in the Life to Come*》New York: Atria Books, 2012.

Traherne, Thomas. 《시와 산문 선집*Selected Poems and Prose*》New York Penguin Classics, 1992.

Tucker, J. B. 《생 이전의 생: 아동의 전생 기억에 관한 과학적 고찰*Life Before Life: A Scientific Investigation of Children's Memories of Previous Lives*》New York: St. Martins Press, 2005.

Uzdavinys, Algis. 《황금 사슬: 피타고라스와 플라톤 철학 선집*The Golden Chain: An Anthology of Pythagorean and Platonic Philosophy*》Bloomington, IN: World Wisdom Books, 2004.

Van Dusen, Wilson. 《다른 세계들의 존재: 에마누엘 스베덴보리의 심리학적 정신적 발견*The Presence of Other Worlds: The Psychological and Spiritual Findings of Emanuel Swedenborg*》New York: Chrysalis Books, 2004. 스베덴보리의 저서는 종종 난해하고 읽기 어렵지만, 이 책만큼은 수월하게 읽힌다. 그의 삶과 일이 초래한 영향에 관한 책이다.

Van Lommel, Pirn. 《생을 초월한 의식: 임사 체험의 과학*Consciousness Beyond Life: The Science of Near-Death Experience*》New York: HarperCollins, 2010. Another modern classic.

Von Franz, Marie-Louise. 《죽음과 꿈에 관하여*On Death & Dreams*》Boston: Sham-bhala, 1987.

_____. 《정신과 물질*Psyche and Matter*》Boston: Shambhala, 2001.

Walker, Benjamin. 《육체를 넘어: 인간의 이중적 아스트랄 플레인*Beyond the Body: The Human Double and the Astral Planes*》London: Routledge & Kegan Paul, 1974.

Weiss, Brian L. 《수많은 삶, 수많은 스승*Many Lives, Many Masters*》New York: Fireside, 1988.

Whiteman J. H. M. 《신비로운 삶: 그 본질의 개요 및 직접 체험 증거의 교훈*The Mystical Life: An Outline of Its Nature and Teachings from the Evidence of Direct Experience*》London: Faber&Faber, 1961.

_____. 《삶의 의미에 관한 오래된 혹은 새로운 증거: 신비주의 세계관과 내면의 시험*Old & New Evidence on the Meaning of Life: The Mystical World-View and Inner Contest*》London: Colin Smythe, 1968.

Signer, Eugene. 〈자연과학에서 수학의 불합리한 효율성 The Unreasonable Effectiveness of Mathematics in the Natural Sciences〉《*Communications in Pure and Applied Mathematics*》13, no.1 (1960).

Wilber, Ken., ed. 《양자에 관한 질문들*Quantum Questions*》Boston: Shambhala, 1984.

Wilson, Colin.《사후 세계: 한 고찰 *Afterlife: An Investigation*》New York Doubleday, 1987.

Yeats, William Butler.《윌리엄 버틀러 예이츠 작품집 *The Collected Works of W.B. Yeats*》Volume III: Autobiographies. New York: Touchstone, 1999.

Zukav, Gary.《춤추는 물리학의 대가들 *The Dancing Wu Li Masters*》New York: William M row and Company, Inc., 1979.

_____.《영혼의 자리 *Seat of Soul*》New York: Fireside Press, 1989.